Edward Feser

Alles in Christus

Eine katholische Kritik des Rassismus und der Kritischen Rassentheorie

EDITIONES SCHOLASTICAE

Edward Feser

Alles in Christus

Eine katholische Kritik des Rassismus und der Kritischen Rassentheorie

Aus dem Englischen übersetzt
von Rafael Hüntelmann

EDITIONES·SCHOLASTICAE

Bibliographic information published by Deutsche Nationalbibliothek
The Deutsche Nationalbibliothek lists this publication in the Deutsche Nationalbibliographie; detailed bibliographic data is available in the Internet at http://dnb.ddb.de

Originaltitel
Edward Feser: All in Christ.
A Catholic Critique of Racism and Critical Race Theory
2022 | San Francisco (Ignatius Press)
ISBN 978-1-62164-580-1

Wir danken dem Verlag Ignatius Press für die Überlassung der deutschsprachigen Publikationsrechte

53819 Neunkirchen-Seelscheid
www.editiones-scholasticae.de

ISBN 978-3-86838-270-9

2022

Printed on acid-free paper

Printed in Germany

Inhalt

1

Die kirchliche Lehre gegen den Rassismus

Rassismus wird heute weithin – und zu Recht – verurteilt. In einer Welt, die in moralischen und politischen Fragen zunehmende Spaltungen aufweist, ist die Tatsache, dass Rassismus falsch ist, eines der wenigen Dinge, über die weitgehende Einigkeit zu herrschen scheint. Aber was genau ist Rassismus, und warum ist er falsch? Was lehrt die katholische Kirche zu diesem Thema? Was lehrt sie in Bezug auf andere Themen, die oft in Diskussionen über Rassismus zur Sprache kommen, wie Sklaverei, Einwanderung und Nationalismus? Was sollten Katholiken über die Kritische Rassentheorie und andere zunehmend einflussreiche Ideen und Bewegungen denken, die im Namen des Antirassismus propagiert werden? Das vorliegende Buch geht auf diese Fragen ein.

In seinem apostolischen Schreiben *Octogesima Adveniens* von 1971 verurteilte Papst Paul VI. das, was er als „rassistische Vorurteile“ bezeichnete, und bekräftigte:

> Die Glieder der Menschheitsfamilie nehmen nämlich an derselben Natur und deswegen an derselben Würde mit denselben Rechten und Grundpflichten teil, da sie auch zur selben übernatürlichen Bestimmung berufen sind. Die ein gemeinsames Vaterland haben, müssen alle gleich sein vor dem Gesetz; ihnen muss mit gleichem Recht der Zugang zum wirtschaftlichen Leben, zur geistigen Bildung, zum politischen, sozialen Leben und nicht zuletzt zu gerechter Verteilung des Sozialprodukts offenstehen. (16)

Hier finden wir eine nützliche Definition von Rassismus, die am besten als die Leugnung dessen verstanden wird, was der Papst bekräftigt. Mit anderen Worten: Rassismus ist die Überzeugung, dass nicht alle

Rassen dieselben grundlegenden Rechte und Pflichten und/oder dieselbe übernatürliche Bestimmung haben und dass daher nicht alle Rassen vor dem Gesetz gleich sein sollten, gleichen Zugang zum wirtschaftlichen, kulturellen, bürgerlichen und sozialen Leben finden oder von einer gerechten Aufteilung der Reichtümer der Nation profitieren sollten. Rassismus bedeutet also, dass einige Rassen in diesen Bereichen gegenüber anderen besonders bevorzugt werden.

Die Kirche hat den Rassismus in diesem Sinne immer wieder verurteilt, und zwar mit besonderem Nachdruck im zwanzigsten Jahrhundert. In seiner Enzyklika *Ad Beatissimi Apostolorum* von 1914 beklagte Papst Benedikt XV.,

> [...] dass wir, gleichsam zusammengefügt und zu einem Leibe verwachsen, uns gegenseitig lieben, wie ein Glied das andere am selben Leibe.
> Aber leider, ganz anders verhalten sich die Menschen unserer Zeit. Niemals vielleicht hat man das Wort Bruderliebe so häufig im Munde geführt als heute; ja man ging so weit, das Evangelium der Liebe, die Predigt des Heilandes und der Kirche zu vergessen und Bruderliebe als die große Errungenschaft zu preisen, welche die Bildung unserer Zeit gebracht hat. In Wirklichkeit aber ist niemals weniger Liebe unter den Menschen geübt worden als gerade heute. Der Hass zwischen den verschiedenen Völkerstämmen ist aufs höchste gestiegen [...] (6–7).

In seiner Enzyklika *Mit brennender Sorge* von 1937 verurteilte Papst Pius XI. die Entwicklungen in Nazi-Deutschland:

> Wer die Rasse, oder das Volk (...) oder andere Grundwerte menschlicher Gemeinschaftsgestaltung – die innerhalb der irdischen Ordnung einen wesentlichen und ehrgebietenden Platz behaupten – aus dieser ihrer irdischen Wertskala herauslöst, sie zur höchsten Norm aller, auch der religiösen Werte macht und sie mit Götzenkult vergöttert, der verkehrt und fälscht die gottgeschaffene und gottbefohlene Ordnung der Dinge. Ein solcher ist weit von wahrem Gottesglauben und

> einer solchem Glauben entsprechenden Lebensauffassung entfernt. (12)

In *Pacem in Terris* forderte Papst Johannes XXIII. „die Beseitigung jeder Spur von Rassendiskriminierung“ mit der Begründung, dass „niemand von Natur aus seinen Mitmenschen überlegen sein kann, da alle Menschen in ihrer natürlichen Würde gleich edel sind“ (86, 89).

Das Zweite Vatikanische Konzil lehrt in der Erklärung *Nostra Aetate*:

> Deshalb verwirft die Kirche jede Diskriminierung eines Menschen oder jeden Gewaltakt gegen ihn um seiner Rasse oder Farbe, seines Standes oder seiner Religion willen, weil dies dem Geist Christi widerspricht. Und dementsprechend ruft die Heilige Synode, den Spuren der heiligen Apostel Petrus und Paulus folgend, die Gläubigen mit leidenschaftlichem Ernst dazu auf, dass sie „einen guten Wandel unter den Völkern führen“ (1 Petr 2,12) und womöglich, soviel an ihnen liegt, mit allen Menschen Frieden halten (14), so dass sie in Wahrheit Söhne des Vaters sind, der im Himmel ist. (5)

In dem Dokument *Die Kirche und der Rassismus: Auf dem Weg zu einer brüderlicheren Gesellschaft* von 1988, das von der Päpstlichen Kommission für Gerechtigkeit und Frieden unter der Leitung von Papst Johannes Paul II. herausgegeben wurde, heißt es:

> Rassistische Vorurteile oder rassistisches Verhalten stören nach wie vor die Beziehungen zwischen Personen, menschlichen Gruppen und Nationen. Die öffentliche Meinung ist zunehmend empört darüber. Das moralische Gewissen kann dies keinesfalls akzeptieren. Die Kirche ist gegenüber dieser diskriminierenden Haltung besonders empfindlich. Die Botschaft, die sie aus der biblischen Offenbarung geschöpft hat, bekräftigt nachdrücklich die Einheit jedes Menschen, der nach dem Bilde Gottes geschaffen ist, die Einheit der Menschheit im Plan des Schöpfers und die Dynamik der Versöhnung, die Christus, der Erlöser, gewirkt hat, der die trennende Mauer, die die gegensätzlichen Welten voneinander trennte, niedergerissen hat, um alle Menschen in sich selbst wieder zusammenzufassen. (1; Übersetzung aus dem Englischen)

Das *Kompendium der Soziallehre der Kirche*, das ebenfalls während des Pontifikats von Johannes Paul II. herausgegeben wurde, fasst die seitens der Kirche vertretene Verurteilung des Rassismus, die auf ihrem Verständnis sowohl der menschlichen Natur als auch der Forderungen des Evangeliums gründet, zusammen:

> *„Gott schaut nicht auf die Person“ (Gal 2, 6; vgl. Apg 10, 34; Röm 2, 11; Eph 6, 9), weil alle Menschen dieselbe Würde von Geschöpfen besitzen, die er nach seinem Bild und ihm ähnlich geschaffen hat.* Die Menschwerdung des Sohnes Gottes macht deutlich, dass hinsichtlich ihrer Würde alle Personen gleich sind: „Es gibt nicht mehr Juden und Griechen, nicht Sklaven und Freie, nicht Mann und Frau; denn ihr alle seid »einer« in Christus Jesus“ (Gal 3, 28; vgl. Röm 10, 12; 1 Kor 12, 13; Kol 3, 11).
> *Weil auf dem Antlitz eines jeden Menschen etwas von der Herrlichkeit Gottes erstrahlt, basiert die Würde eines jeden Menschen vor Gott auf der Würde des Menschen vor den anderen Menschen.* Das ist überdies das letzte Fundament der grundlegenden Gleichheit und Brüderlichkeit aller Menschen, unabhängig von ihrer ethnischen Zugehörigkeit oder Nation, ihrem Geschlecht, ihrer Herkunft, Kultur oder Gesellschaftsschicht.[1]

Diese doppelte Grundlage der kirchlichen Verurteilung des Rassismus – Natur und Gnade, unser menschlicher Ursprung und unsere übernatürliche Bestimmung – muss besonders hervorgehoben und kommentiert werden, denn sie unterscheidet sich grundlegend von dem Ansatz, der in vielen säkularen Diskussionen über den Rassismus verfolgt wird.

Die Befürworter des Rassismus behaupten häufig, dass rassische Unterschiede kognitiver, affektiver oder verhaltensbezogener Art auf genetische oder andere biologische Faktoren zurückzuführen seien. Ihre Kritiker erwidern, dass die wissenschaftlichen Beweise für solche Behauptungen schwach sind. Aus der Sicht der katholischen Theologie

[1] Päpstlicher Rat für Gerechtigkeit und Frieden, *Kompendium der Soziallehre der Kirche*, Nr. 144. Im Folgenden *Kompendium* genannt.

wäre es jedoch oberflächlich, das Thema allein auf dieser Ebene zu behandeln. Die Verurteilung des Rassismus durch die Kirche beruht auf Überlegungen über die menschliche Natur, die tiefer gehen als alles, was durch die biologische Wissenschaft entweder entdeckt oder widerlegt werden kann. So urteilt das Dokument *Die Kirche und der Rassismus:*

> Die Wissenschaften tragen ihrerseits dazu bei, einen Großteil der falschen Beweise zu entkräften, mit denen rassistisches Verhalten gerechtfertigt wird. ... Aber die Wissenschaften reichen nicht aus, um antirassistische Überzeugungen zu begründen. Aufgrund ihrer Methoden erlauben sie es nicht, das letzte Wort über den Menschen und sein Wesen zu sprechen. Aufgrund ihrer Methoden erlauben sie sich nicht, das letzte Wort über die menschliche Person und ihr Schicksal zu sprechen und universelle moralische Regeln mit verbindlichem Charakter für das Gewissen zu definieren (18; Übersetzung aus dem Englischen)

Für die Kirche liegt die Quelle unserer gemeinsamen Würde in erster Linie nicht im Körper, wie ihn die Wissenschaft versteht, sondern in der Seele, die sich, wie der *Katechismus der katholischen Kirche* lehrt, „auf das Innerste des Menschen bezieht, auf das, was in ihm am wertvollsten ist und wodurch er in besonderer Weise das Ebenbild Gottes ist: ‚Seele' bezeichnet das geistige Prinzip im Menschen" (363).[2] Da es sich um ein geistiges Prinzip handelt, kann es weder auf der genetischen noch auf einer anderen biologischen Beschreibungsebene erkannt werden, und es ist auch nicht das Produkt biologischer Prozesse. Der *Katechismus* fährt fort:

> Die Kirche lehrt, dass jede Geistseele unmittelbar von Gott geschaffen wird – sie wird nicht von den Eltern „gezeugt" – und dass sie unsterblich ist: Sie geht nicht unter, wenn sie sich im Tod vom Leib trennt, und sie wird bei der endgültigen Auferstehung mit dem Leib wieder vereint werden. (366)[3]

---

[2] Vgl. 1 Kor 6,19–20; 15,44–45.

[3] Vgl. Pius XII., *Humani Generis*: DS 3896; Paul VI., CPG § 8; Laterankonzil V (1513): DS 1440.

Wie der heilige Thomas von Aquin lehrt, ist es die Seele, die dem Menschen jene Eigenschaften verleiht, die ihn von den anderen Sinneswesen unterscheidet: seine Ratio, die sich in der Fähigkeit, zu erkennen oder zu verstehen und zu wollen oder zu wählen, manifestiert.[4] Und die höchste Ausübung dieser Fähigkeiten besteht darin, Gott zu erkennen und zu lieben. Thomas von Aquin schreibt:

> Augustinus sagt (Gen. ad lit. vi, 12): „Die Vorzüglichkeit des Menschen besteht darin, dass Gott ihn nach seinem Bilde schuf, indem er ihm eine intelligible Seele gab, die ihn über die Tiere des Feldes erhebt".[5]
>
> Da der Mensch aufgrund seiner intellektuellen Natur als Ebenbild Gottes gilt, ist er Gott am vollkommensten in dem Maße ähnlich, in dem er Gott in seiner intellektuellen Natur am besten nachahmen kann. Die Verstandesnatur aber ahmt Gott vor allem darin nach, dass Gott sich selbst versteht und liebt.[6]

Gott zu kennen und zu lieben, ist für den heiligen Thomas also die vollkommenste Art und Weise, in der wir unsere Würde und unsere Natur als Ebenbild Gottes zum Ausdruck bringen. Der *Katechismus* schließt sich diesem Urteil an:

> Von allen sichtbaren Geschöpfen ist einzig der Mensch „fähig, seinen Schöpfer zu erkennen und zu lieben" (GS 12,3); er ist „auf Erden das einzige Geschöpf ..., das Gott um seiner selbst willen gewollt hat" (GS 24,3); er allein ist berufen, in Erkenntnis und Liebe am Leben Gottes teilzuhaben. Auf dieses Ziel hin ist er geschaffen worden, und das ist der Hauptgrund für seine Würde (356).[7]

---

[4] Thomas von Aquin, *Summa Theologiae,* Die deutsche Thomas-Ausgabe. Graz – Wien – Köln 1934ff., 1.76.3. Im Folgenden ST.

[5] ST I.93.2,4.

[6] ST I.93.4,3.

[7] II. Vatikanisches Konzil, Pastoralkonstitution über die Kirche in der Welt von heute *Gaudium et Spes* (7. Dezember 1965), 12 § 3; 24 § 3. Im Folgenden GS.

Sicherlich ist diese menschliche Natur, und insbesondere unsere Fähigkeit, Gott zu erkennen und zu lieben, durch die Erbsünde beschädigt worden. Aber dieser Schaden ist bei allen Menschen, bei allen Rassen entstanden. Wie der heilige Paulus lehrt, „haben alle gesündigt und verfehlen die Herrlichkeit Gottes", und „die Sünde ist durch einen Menschen in die Welt gekommen und der Tod durch die Sünde, und so ist der Tod zu allen Menschen gekommen, weil alle Menschen gesündigt haben" (Röm 3,23; 5,12). Damit kommen wir zum zweiten Grund unserer Würde, die übernatürlich ist, d. h. aus einer Quelle außerhalb unserer Natur stammt und uns daher nur aus Gnade zuteilwird. Die Sünde und der Tod, von denen alle Menschen betroffen sind, sind für alle Menschen durch den Tod und die Auferstehung Christi aufgehoben. Denn „er ist für alle gestorben" (2 Kor 5,15), und darum gilt: „wie die Schuld eines Menschen zur Verdammnis aller Menschen führte, so führt die Tat eines Menschen zur Gerechtigkeit, zum Freispruch und zum Leben für alle Menschen" (Röm 5,18); und „wie in Adam alle sterben, so werden auch in Christus alle lebendig gemacht werden" (1 Kor 15,22). So wie also alle Rassen dieselbe von Adam ererbte menschliche Natur haben, so wird auch allen dieselbe Gnade durch Christus zuteil. In diesem Sinne schreibt der heilige Paulus:

> Denn in Christus Jesus seid ihr alle durch den Glauben Söhne Gottes. Denn so viele von euch auf Christus getauft sind, haben Christus angezogen. Da ist weder Jude noch Grieche, da ist weder Sklave noch Freier, da ist weder Mann noch Frau; denn ihr seid allesamt einer in Christus Jesus. (Gal 3,26–28)

Zusammenfassend lässt sich sagen, dass unsere grundlegenden Rechte und Pflichten nach dem Naturrecht in unserer Natur als Vernunftwesen gegründet sind, als Geschöpfe, die fähig sind, zu verstehen und frei zu wählen und somit Gott zu erkennen und zu lieben. Diese Natur und damit diese Rechte und Pflichten sind für alle Menschen gleich, gleich welcher Rasse. Unsere grundlegenden Rechte und Pflichten als potenzielle Bürger des Himmels beruhen auf der Gnade. Diese Gnade ist allen Menschen, gleich welcher Rasse, angeboten worden. Bei allen biologischen und kulturellen Unterschieden zwischen den Rassen sorgen Natur und Gnade dafür, dass ihre grundlegenden Rechte und Pflichten dieselben sind. Dies ist die tiefe und unerschütterliche Grundlage für die Verurteilung des Rassismus durch die Kirche. Die Pastoralkonstitution *Gaudium et Spes* des Zweiten Vatikanischen Konzils fasst diese Lehre wie folgt zusammen:

> Da alle Menschen eine geistige Seele haben und nach Gottes Bild geschaffen sind, da sie dieselbe Natur und denselben Ursprung haben, da sie, als von Christus Erlöste, sich derselben göttlichen Berufung und Bestimmung erfreuen, darum muss die grundlegende Gleichheit aller Menschen immer mehr zur Anerkennung gebracht werden.
> Gewiss, was die verschiedenen physischen Fähigkeiten und die unterschiedlichen geistigen und sittlichen Kräfte angeht, stehen nicht alle Menschen auf gleicher Stufe. Doch jede Form einer Diskriminierung in den gesellschaftlichen und kulturellen Grundrechten der Person, sei es wegen des Geschlechts oder der Rasse, der Farbe, der gesellschaftlichen Stellung, der Sprache oder der Religion, muss überwunden und beseitigt werden, da sie dem Plan Gottes widerspricht. (29)

2

Spätscholastiker und frühneuzeitliche Päpste gegen die Sklaverei

Die Verurteilung des Rassismus durch die Kirche ist weder eine Neuheit noch folgt sie den säkularen Moralvorstellungen. Im Gegenteil, die Kirche lehrt schon seit Jahrhunderten dasselbe, lange vor der Entstehung des heutigen säkularen Konsenses gegen Rassismus. Wie *Die Kirche und der Rassismus* feststellt, ist der heutige Rassismus weitgehend ein modernes Phänomen:

> Historisch gesehen hat sich das Rassenvorurteil im engeren Sinne des Wortes, d. h. das Bewusstsein der biologisch bedingten Überlegenheit der eigenen Rasse oder ethnischen Gruppe gegenüber anderen, vor allem aus der Praxis der Kolonialisierung und Sklaverei zu Beginn der Neuzeit entwickelt. ...
> Die griechisch-römische Antike scheint zum Beispiel keine Rassenmythen gekannt zu haben. Wenn die Griechen von der kulturellen Überlegenheit ihrer Zivilisation überzeugt waren, so hielten sie doch nicht die so genannten „Barbaren" aus angeborenen biologischen Gründen für minderwertig. ...
> Das hebräische Volk war sich, wie die Bücher des Alten Testaments bezeugen, in besonderem Maße der Liebe Gottes zu ihm bewusst, die sich in Form eines unverdienten Bundes mit ihm manifestierte. Der Platz der anderen Völker in der Heilsgeschichte wurde anfangs nicht immer klar verstanden, und diese anderen Völker wurden in der prophetischen Verkündigung bisweilen sogar stigmatisiert, weil sie dem Götzendienst verhaftet blieben. Sie waren jedoch nicht wegen ihrer ethnischen Verschiedenheit Gegenstand der Verunglimpfung oder

eines göttlichen Fluchs. Das Kriterium der Unterscheidung war religiöser Natur.[8]

„Mit der Entdeckung der Neuen Welt", so das Dokument, „änderte sich die Einstellung", als europäische Soldaten und Händler die Indianer Amerikas und die Schwarzafrikaner in die Sklaverei trieben und „eine rassistische Theorie zu entwickeln begannen, um ihr Handeln zu rechtfertigen". Die Kirche verurteilte diese Entwicklung sofort auf das Schärfste. So lehrte beispielsweise Papst Paul III. in seiner Bulle *Sublimis Deus* von 1537:

> Da nun, nach dem Zeugnis der Hl. Schrift, der Mensch für das ewige Leben und die Glückseligkeit bestimmt ist, dieses ewige Leben und die Seligkeit aber nur durch den Glauben an unsern Herrn Jesus Christus erlangt werden können, muss man dem Menschen eine derartige Beschaffenheit und Natur zuerkennen, dass er diesen Glauben an Christus zu empfangen imstande sei und dass, wer immer die menschliche Natur sich zu eigen nennt, auch die Fähigkeit zu glauben besitze. Denn es wird wohl niemand so beschränkt sein, annehmen zu wollen, ein Ziel lasse sich ohne den Einsatz der dazu notwendigen Mittel verwirklichen. Wie wir wissen, sprach deshalb die Wahrheit selbst – und sie kann ja weder irren noch jemanden in Irrtum führen –, als sie die Prediger des Glaubens zum Amte der Verkündigung auserkor, die Worte: *Euntes docete omnes gentes.* Alle, sagte sie, ohne Ausnahme, sind doch alle fähig, im Glauben unterwiesen zu werden. Scheelen Blickes sah dies der Rivale des Menschengeschlechtes, der stets allem Guten entgegenwirkt und es zu vernichten trachtet. Daraufhin ersann er eine bislang nie gehörte List, um die Verkündigung des Wortes Gottes an die Völker und damit deren Heil zu hintertreiben: Er veranlasste nämlich einige seiner Helfershelfer, die nichts anderes begehrten, als ihre Habsucht zu befriedigen, dass sie unablässig darauf hinarbeiteten, die Bewohner

[8] Päpstliche Kommission für Gerechtigkeit und Frieden, *Die Kirche und der Rassismus: Auf dem Weg zu einer brüderlicheren Gesellschaft* (Vatikanstadt: Pontificia Commissio Iustitia et Pax, 1988), Nr. 2.

West- und Südindiens und andere Nationen, von denen wir Kunde erhalten haben, wie Tiere zum Sklavendienst einzuspannen. Sie schützten dabei vor, diese Leute könnten des katholischen Glaubens nicht teilhaftig werden. Als Stellvertreter Christi, unseres Herrn, wiewohl dessen unwürdig, suchen wir mit all unseren Kräften, die Schafe seiner Herde, die uns anvertraut sind und sich außerhalb seiner Herde befinden, in seinen Schafstall hineinzuführen. Wir wissen wohl, dass die Indianer als wirkliche Menschen nicht allein die Fähigkeit zum christlichen Glauben besitzen, sondern zu ihm in allergrößter Bereitschaft herbeieilen, wie man es uns wissen ließ. Aus dem Verlangen, in diese Angelegenheit Ordnung zu bringen, bestimmen und erklären wir mit diesem Schreiben und kraft unserer apostolischen Autorität, ungeachtet all dessen, was früher in Geltung stand und etwa noch entgegensteht, dass die Indianer und alle andern Völker, die künftig mit den Christen bekannt werden, auch wenn sie den Glauben noch nicht angenommen haben, ihrer Freiheit und ihres Besitzes nicht beraubt werden dürfen; vielmehr sollen sie ungehindert und erlaubterweise das Recht auf Besitz und Freiheit ausüben und sich dessen erfreuen können. Auch ist es nicht erlaubt, sie in den Sklavenstand zu versetzen. Alles, was diesen Bestimmungen zuwiderläuft, sei null und nichtig. Die Indios aber und die anderen Nationen mögen durch die Verkündigung des Wortes Gottes und das Beispiel eines guten Lebens zum Glauben an Christus eingeladen werden.[9]

Man beachte, dass der Papst in diesem Dokument, das *fünf Jahrhunderte alt* ist, die Behandlung von Indianern und anderen menschlichen Wesen, als wären sie bloße Tiere, als satanisch bezeichnet und definitiv lehrt (er „definiert und erklärt“), dass sie nicht ihrer Freiheit oder ihres Eigentums beraubt werden dürfen. Es stimmt, dass diese Lehre von denen, die die Neue Welt kolonisierten, weitgehend ignoriert wurde. Aber es war die Lehre der Kirche, Jahrhunderte bevor der Antirassismus zu einem Standardanliegen der Säkularisten und

[9] Gefunden online: Papst Paul III.: Bulle *Sublimis Deus* vom 2. Juni 1537 (stereo-denken.de)

Liberalen wurde – ja, Jahrhunderte bevor es die Phänomene des Säkularismus und des Liberalismus gab.

Obwohl es zu dieser Zeit katholische Denker gab, die sich dieser Lehre widersetzten, hielten einige der großen scholastischen Theologen der Zeit an ihr fest und arbeiteten ihre intellektuellen Grundlagen heraus. Besonders wichtig in diesem Zusammenhang sind Francisco de Vitoria (ca. 1486–1546) und Bartoloméo de Las Casas (1474–1566).[10]

Vitoria nannte vier Gründe, warum einige zu seiner Zeit behaupteten oder hätten behaupten können, dass den Indianern Amerikas die Grundrechte fehlten, die andere Menschen haben: (1) sie seien Sünder, (2) sie seien Unmenschen, (3) es fehle ihnen an Vernunft oder (4) es fehle ihnen an ausreichender Intelligenz. Vitoria wies jedes dieser Argumente zurück.

Zunächst wies er darauf hin, dass die natürlichen Rechte in der menschlichen Natur begründet sind und dass Sünder und Kriminelle die gleiche menschliche Natur haben wie alle anderen. Daher haben sie die gleichen Grundrechte wie alle anderen (z. B. das Recht, nicht ermordet oder bestohlen zu werden usw.). Ob die amerikanischen Indianer nun Sünder oder Ungläubige waren, ist für ihre natürlichen Rechte unerheblich, und daher kann niemand rechtfertigen, dass sie so behandelt werden, als hätten sie keine Rechte.

Was die Behauptung betrifft, den amerikanischen Indianern habe es an Vernunft gefehlt, so wies Vitoria darauf hin, dass dies offensichtlich falsch sei, da sie über Bräuche und Institutionen verfügten, die nur vernunftbegabte Lebewesen haben (Gesetze, die Einrichtung der Ehe, Städte usw.). Er argumentierte auch, dass es nicht ausreicht, zu behaupten, dass sie ihre Vernunft nur irgendwie als Potenzial hätten, ohne dieses Potenzial tatsächlich realisiert zu haben; dies würde

---

[10] Francisco de Vitoria, "On the American Indians", in *Political Writings*, ed. Anthony Pagden und Jeremy Lawrence (Cambridge: Cambridge University Press, 1991); Bartolomé de Las Casas, *A Short Account of the Destruction of the Indies* (New York: Penguin Books, 1992). Ein nützlicher Überblick über ihre Ansichten findet sich in Brian Tierney, *The Idea of Natural Rights* (Grand Rapids, Mich.: William B. Eerdmans.

gegen den Grundsatz der scholastischen Philosophie verstoßen, dass die Natur nichts umsonst tut. Vitorias Argument scheint darin zu bestehen, dass es keinen Sinn macht, anzunehmen, dass eine große und fortwährende Population von Menschen nur das Potenzial zur Vernunft hat, ohne es jemals zu verwirklichen, denn in diesem Fall wäre der Besitz des Potenzials sinnlos, was gegen den besagten scholastischen Grundsatz verstößt. Wenn eine Population wirklich das Potenzial zur Vernunft besitzt, dann wird dieses Potenzial im Laufe der Zeit und in der gesamten Population unweigerlich realisiert werden.

Auf die Behauptung, den Indianern habe es an ausreichender Intelligenz gefehlt, entgegnet Vitoria, dass es Kindern und Geisteskranken zwar an Intelligenz fehle, ihnen aber nicht die grundlegenden Menschenrechte fehlten, weil sie die gleiche menschliche Natur hätten wie alle anderen. Die Behauptung, den Indianern fehle die geistige Schärfe, wie sie den Spaniern zu eigen sei, könne daher nicht rechtfertigen, dass ihnen die gleichen natürlichen Rechte abgesprochen würden.

Der antike griechische Philosoph Aristoteles hatte bereits die These vertreten, dass manche Menschen von Natur aus nur dazu geeignet seien, anderen zu dienen, und Vitoria trat der Ansicht entgegen, dass diese These zur Rechtfertigung der Versklavung der Indianer herangezogen werden könne. Er argumentierte, dass solche Schlussfolgerung durch den Umstand ausgeschlossen sei, dass selbst die von Aristoteles beschriebenen unterworfenen Personen dieselbe vernünftige Natur haben wie jeder andere Mensch, so dass sie dieselben natürlichen Rechte haben wie andere menschliche Wesen. Daher kann auch jemand, der besser geeignet ist, anderen zu dienen, nicht mit Recht als Eigentum oder auf andere Weise in geringerem Maße als Mensch behandelt werden.

Las Casas war in seiner Verteidigung der Rechte und der gleichen Würde der Indianer Amerikas sogar noch gründlicher und leidenschaftlicher. Er wandte sich nachdrücklich gegen jede Behauptung, die Indianer seien den Spaniern moralisch oder intellektuell unterlegen, und legte besonderes Gewicht auf das Recht auf persönliche Freiheit und auf eine Regierung, die auf Zustimmung beruht. Er betonte, dass man sich an vernünftige Mitmenschen wenden müsse, und nicht mit Gewalt. Er betonte auch die Brüderlichkeit der Menschen sowohl auf christlicher als auch auf naturrechtlicher Grundlage und schrieb: „Alle Völker der Welt sind Menschen, und es gibt nur eine Definition für alle Menschen und für jeden einzelnen, nämlich die, dass sie vernünftig sind. So sind alle Rassen der Menschheit eins."[11]

Las Casas entwickelte ein besonders wichtiges Argument gegen die Behauptung, dass Aristoteles' Ansicht, einige Menschen seien von Natur aus zum Dienen geboren, zur Rechtfertigung der Rassensklaverei herangezogen werden könne. Zunächst wies er auf einige Probleme mit den zu seiner Zeit üblichen Behauptungen hin, dass einige Völker „barbarische" Rassen seien. Was bedeutet das genau? Im ursprünglichen Sinne des Begriffs waren „barbarische" Völker diejenigen, deren Sprache fremdartig war, aber in diesem trivialen Sinne sind alle Menschen „barbarisch" im Vergleich zu denen, die eine andere Sprache sprechen. In einem anderen Sinne ist ein „barbarisches" Volk eines, das besonders grausam ist, aber in diesem Sinne, so Las Casas, könnten die Spanier angesichts ihrer Behandlung der Indianer als Barbaren bezeichnet werden. In wieder einem anderen Sinne bezog sich der Begriff „Barbaren" auf nichtchristliche Völker. Doch die heidnischen Griechen und Römer waren Nichtchristen, und dennoch wurden sie von den christlichen Schriftstellern nicht als Barbaren betrachtet.

Las Casas vertritt die Auffassung, dass ein „Barbar" in demjenigen Sinne des Wortes, der allein von Belang sei, jemand ist, der im Wesentlichen das Leben eines Wilden führt, der der Vernunft beraubt ist und sich kaum über das Niveau der nichtmenschlichen Tiere erhebt, wie der sprichwörtliche „wilde Mann", der im Wald lebt. Aus diesem Grund sei er im Grunde ein geschädigter Mensch, dessen Vernunftdefizite mit Blindheit oder Lahmheit vergleichbar seien. Doch Las Casas tätigt hier zwei wichtige Aussagen. Erstens, sagt er, sei selbst eine solche Person noch ein Mensch (auch wenn ihr Verstandesgebrauch stark beeinträchtigt sei) und behalte daher die grundlegenden Menschenrechte.

[11] Zitiert nach Tierney, *The Idea of Natural Rights*, 273.

Zweitens, so argumentiert er, seien solche Menschen auch von der Natur der Sache her äußerst selten und isoliert. Eine Rasse von Barbaren in diesem Sinne könne es prinzipiell nicht geben, denn es mache einfach keinen Sinn, dass es eine Rasse von Menschen gäbe, die über die gleichen grundlegenden Vernunftfähigkeiten wie andere Menschen verfügten, mit allen daraus resultierenden moralischen und naturrechtlichen Pflichten, deren Fähigkeit, diese Kräfte zu nutzen, jedoch Generation für Generation stets grundlegend verkümmert oder verkrüppelt wären. Sie wären wie eine Rasse von Menschen, die von Generation zu Generation immer blind oder verkrüppelt geboren würden. In einem solchen Szenario läge eine Art von Perversität, die gegen den scholastischen Grundsatz verstoßen würde, dass die Natur nichts vergeblich tut. (Hier verlängert Las Casas im Wesentlichen die von Vitoria vorgeschlagene Argumentationslinie.)

Was Vitoria und Las Casas also entwickelt haben, sind Argumentationslinien, die auf der Grundlage der scholastischen Philosophie die Möglichkeit einer Rasse, die von Natur aus minderwertig ist, ausschließen. Damit schließen sie jede Rechtfertigung des Rassismus, wie er von der Kirche seit Papst Paul III. bis heute verurteilt wird, in eben diesem Sinne aus. Spätere scholastische Denker wie Francisco Suárez (1548–1617) griffen diesen Gedankengang[12], der in der katholischen Philosophie und Theologie zum Standard wurde, wieder auf.

Einige werden fragen: Aber hat die katholische Kirche nicht einst die Sklaverei verteidigt, wie sie von Vitoria und Las Casas kritisiert wurde, und zwar aus naturrechtlichen Gründen? Die Antwort lautet: Nein, das hat sie nicht. Sicherlich gab es, wie bereits erwähnt, einzelne katholische Schriftsteller, die die Rassensklaverei verteidigten, aber ihre Position starb aus und die Ansichten von Denkern wie Vitoria und Las Casas setzten sich durch. Aber es stimmt nicht, dass die Kirche als Institution diese Art von Sklaverei verteidigt hat.

Das Wort „Sklaverei“ ist mehrdeutig. Wenn wir den Begriff heute hören, denken wir in der Regel an die Sklaverei, wie sie in den

---

[12] John P. Doyle, "Francisco Suárez: On Preaching the Gospel to People like the American Indians", *Fordham International Law Journal* 15 (1991): 879–951.

Vereinigten Staaten vor dem Bürgerkrieg praktiziert wurde, d. h. an das vollständige Eigentum an einem anderen Menschen, als wäre er ein Tier oder ein lebloser Gegenstand, wobei die Person keines Verbrechens schuldig ist und unfreiwillig ihrer Freiheit beraubt wurde. Dies ist immer und von Natur aus böse, und die Kirche hat es nie verteidigt. Es gibt jedoch auch andere Praktiken, die manchmal grob als „Sklaverei" bezeichnet werden, sich aber deutlich von der Sklaverei unterscheiden. So gibt es zum Beispiel die Leibeigenschaft, bei der man sich verpflichtet, das Recht auf die eigene Arbeitskraft für einen längeren Zeitraum an einen anderen Menschen abzugeben – zum Beispiel, um eine Schuld zu begleichen. Außerdem gibt es die Strafknechtschaft, bei der jemand zur Strafe für ein Verbrechen zur Arbeit gezwungen wird. Bei der Schuldknechtschaft handelt es sich im Wesentlichen um eine extreme Version eines gewöhnlichen Arbeitsvertrags, und die Strafknechtschaft ist eine Erweiterung des Freiheitsverlusts, zu dem ein zu Recht bestrafter Gefangener bereits verurteilt wurde.

Katholische Theologen haben lange Zeit derartige Praktiken für moralisch besonders gefährlich gehalten, weil sie in Sklaverei ausarten konnten, so dass sie in der Praxis nicht angewendet werden sollten. Aber es sind Praktiken dieser Art (und nicht die Sklaverei), die die Kirche nicht als an sich unmoralisch verurteilt hat. Was den modernen Sklavenhandel und die Praxis der Sklaverei betrifft, so haben die Kirche und die Päpste diese zumindest seit dem fünfzehnten Jahrhundert konsequent verurteilt.[13] So verurteilte Papst Eugen IV. in der Bulle *Sicut Dudum* von 1435 die Versklavung der Völker auf den neu kolonisierten Kanarischen Inseln. Wir haben bereits gesehen, dass Papst Paul III. 1537 in *Sublimis Deus* die Versklavung der amerikanischen Indianer und anderer verurteilte, und in einem anderen Dokument (*Pastorale Officium*) verhängte er die Strafe der Exkommunikation für solche Misshandlungen. In der Bulle *Cum Sicuti* von 1591 verurteilte Papst Gregor XIV. die Versklavung der Indianer auf den Philippinen und verhängte auch für dieses Verbrechen die Strafe der Exkommunikation.[14]

---

[13] Joel S. Panzer, *The Popes and Slavery* (New York: Alba House, 1996), und Eppstein, The Catholic Tradition, Kap. 15.

[14] Das *Pastorale Officium* wurde zwar vom Papst aus politischen Gründen zurückgezogen. Panzer weist allerdings darauf hin, dass die Strafe der Exkommunikation

In seiner Bulle *Commissum Nobis* von 1639 bekräftigte Papst Urban VIII. die Lehre von Papst Paul III. gegen die Versklavung der Indianer, einschließlich der Strafe der Exkommunikation. Im Jahr 1686 verurteilte die Kongregation des Heiligen Offiziums unter dem seligen Papst Innozenz XI. die Versklavung der schwarzen Afrikaner und lehrte, dass diejenigen, die auf diese Weise versklavt worden waren, freigelassen und von denjenigen, die sie versklavt hatten, entschädigt werden mussten. 1741 beklagte Papst Benedikt XIV. in *Immensa Pastorum*, dass einige in Brasilien die von seinen Vorgängern erlassenen Verbote gegen die Versklavung der Indianer missachteten. Er bekräftigte die Lehre Pauls III. und Urbans VIII. und dehnte die Strafe der Exkommunikation sogar auf diejenigen aus, die es wagten, von der Lehre der genannten Päpste abzuweichen.

Papst Gregor XVI. verurteilte in dem Dokument *In Supremo* von 1839 die fortgesetzte Versklavung von Indianern und Schwarzen und verbot strikt jede Abweichung von der Lehre der Kirche zu diesem Thema, sei es öffentlich oder privat, in der Lehre oder schriftlich.[15] Eine Instruktion des Heiligen Offiziums unter dem seligen Papst Pius IX. aus dem Jahr 1866 erlaubte zwar die oben erwähnten Arten der Sklaverei (wie die Schuldknechtschaft und die Strafknechtschaft), nicht aber die Versklavung einer Person, die „ungerechtfertigt ihrer Freiheit beraubt" wurde, und bestätigte das Recht eines solchen Sklaven, zu fliehen.[16] Im Jahr 1888, in *In Plurimis*, begrüßte Papst Leo XIII. die Abschaffung der Sklaverei in Brasilien und überprüfte die Lehre seiner Vorgänger zu diesem Thema. In *Catholicae Ecclesiae* begründete er 1890 die

---

von den Nachfolgern von Papst Paul wieder eingeführt wurde, beginnend mit Urban VIII. *The Popes and Slavery*, 33; 65–66.

[15] Manchmal wird behauptet, Gregor habe nur den Sklavenhandel und nicht die Sklaverei selbst verurteilt, aber wie Panzer zeigt, ist dies eindeutig nicht der Fall. Zum Beispiel warnt Gregor, dass „niemand es in Zukunft wagen solle, Indianer, Schwarze oder andere solche Völker ungerechterweise zu belästigen, zu berauben oder in die Sklaverei zu zwingen". *The Popes and Slavery*, 46–48.

[16] Wie Panzer anmerkt, ist es zwar bedauerlich, dass diese Instruktion des Heiligen Offiziums nicht genügend Sensibilität für die schwerwiegenden moralischen Gefahren der Leibeigenschaft, der Strafknechtschaft und dergleichen zeigte, doch wäre es intellektuell unredlich, den Unterschied zwischen diesen Formen der Leibeigenschaft und der von der Kirche stets verurteilten Sklaverei zu ignorieren und so zu tun, als ob die Instruktion letztere erlaubte. Ebd., 55–56.

Ablehnung der Sklaverei durch die Kirche mit dem gemeinsamen Ursprung aller Menschen und ihrer gemeinsamen Berufung zum Heil. Als das Zweite Vatikanische Konzil 1965 in der Pastoralkonstitution *Gaudium et Spes* die Sklaverei verurteilte, war dies daher keine Neuheit oder eine Angelegenheit, bei der die Kirche mit der aufgeklärten weltlichen Moral gleichziehen wollte. Im Gegenteil, es war einfach eine Fortsetzung dessen, was die Kirche bereits seit über fünf Jahrhunderten konsequent gelehrt hatte.[17]

[17] Manchmal wird behauptet, die Bulle *Dum Diversas* von Papst Nikolaus V. aus dem Jahr 1452 lehre die Rechtmäßigkeit der Sklaverei. Das ist jedoch nicht der Fall. Was Nikolaus dort erlaubte, war die Strafknechtschaft als Strafe für einen Feind in einem gerechten Krieg. Sicherlich ist dies bedauerlich, aber es steht nicht im Widerspruch zum Wortlaut (auch wenn es schlecht zum Geist passt) der Lehre von Nikolaus' Vorgänger Eugen IV. und seinen Nachfolgern Paul III., Gregor XIV. und Urban VIII. P. Rodriguez, Hrsg., *The Historical Encyclopedia of World Slavery*, Bd. 2 (Santa Barbara, Calif.: ABC–CLIO, 1997), 469.

3

Die Rechte und Pflichten von Einwohnern und Einwanderern

Die Lehre der Kirche gegen Rassismus ist eindeutig und tief in ihrer Theologie verwurzelt; sie wurde überdies in ihrer Tradition immer wieder bekräftigt. Die Kirche braucht zu diesem Thema keine Belehrung durch die moderne säkulare Welt. So schrieb Papst Pius XI. in *Divini Redemptoris*:

> Die Feinde der Kirche ... werfen ihr vor, nicht in Übereinstimmung mit ihren Grundsätzen gehandelt zu haben, und leiten daraus die Notwendigkeit ab, andere Lösungen zu suchen. Wie falsch und ungerecht diese Anklage ist, zeigt die ganze Geschichte des Christentums. Um nur einige charakteristische Punkte anzudeuten: Es war das Christentum, das zuerst in einer Art und in einem Ausmaß und mit einer Überzeugung, wie man sie bis dahin nicht gekannt hatte, die wahre und allgemeine Brüderschaft aller Menschen, aller Klassen und aller Rassen proklamiert hat. Mächtig hat es dadurch zur Abschaffung der Sklaverei beigetragen ... (36).

Wenn überhaupt irgendetwas, dann ist es die Lehre der Kirche, die ein Korrektiv für die Oberflächlichkeit vieler zeitgenössischer säkularer Überlegungen zum Thema Rassismus darstellt. Ein Aspekt, auf den dies zutrifft, betrifft Fragen der nationalen Loyalität und der Einwanderung. In der gegenwärtigen gesellschaftlichen und politischen Debatte werden routinemäßig Rassismusvorwürfe gegen jeden erhoben, der sich für die Bewahrung des religiösen, kulturellen und sprachlichen Erbes einer Nation im Interesse der Erhaltung ihrer nationalen Identität einsetzt, vor allem, wenn dies mit der Sorge über einen großen Zustrom von Einwanderern, die illegal in ein Land einreisen, verbunden ist. Natürlich können rassistische Einstellungen eine feindselige Haltung gegenüber Migranten und eine Überbetonung der eigenen Nation hervorrufen. Es wäre jedoch höchst ungerecht und lieblos, reflexartig alle Bedenken über nationale Identität und Einwanderung dem Rassismus zuzuschreiben. Außerdem würde es der klaren und konsequenten Lehre der Kirche zuwiderlaufen.

Die Kirche hat immer anerkannt, dass eine besondere Bindung an die eigene Nation und ihre Kultur keineswegs ein irrationales Vorurteil ist. Im Gegenteil, diese Anhänglichkeit ist für uns natürlich und eine Erweiterung unserer angeborenen Bindung an die Familie. Der heilige Thomas von Aquin lehrt, dass der Patriotismus eine moralische Tugend ist und eine Erweiterung der Frömmigkeit, die wir unseren Eltern schulden.[18] Ebenso lehrt der *Katechismus der katholischen Kirche*, dass das vierte Gebot, unsere Mütter und Väter zu ehren, sich „erstreckt [...] auf die Pflichten der Bürger gegenüber ihrem Land und denen, die es verwalten oder regieren" (2199), und dass „die Heimatliebe und der Einsatz für das Vaterland Dankespflichten [sind] und der Ordnung der Liebe entsprechen" (2239).

In seinem Buch *Erinnerung und Identität* stellte Papst Johannes Paul II. fest, dass die Bürger der modernen westeuropäischen Länder oft „Vorbehalte" gegenüber dem Begriff der „nationalen Identität, wie sie sich in der Kultur ausdrückt", haben und sogar „ein Stadium erreicht haben, das man als ‚Post-Identität' bezeichnen könnte".[19] Es gibt „eine weit verbreitete Tendenz, sich supranationalen Strukturen, ja sogar dem Internationalismus zuzuwenden", wobei „kleine Nationen ... sich in größere politische Strukturen einbinden lassen".[20] Der Papst stellte jedoch fest, dass das Verschwinden der Nation der natürlichen Ordnung der Dinge, wie sie von der Kirche verstanden wird, zuwiderlaufe:

> Dennoch scheinen Nation und Vaterland ebenso wie die Familie dauerhafte Realitäten zu sein. Die katholische Soziallehre spricht in diesem Zusammenhang von „natürlichen" Gesell-

---

[18] ST II-II.101.1.

[19] Johannes Paul II., *Erinnerung und Identität. Gespräche an der Schwelle zwischen den Jahrtausenden* (Weltbild 2005), 86.

[20] Ebd., 66.

> schaften und weist darauf hin, dass sowohl die Familie als auch die Nation eine besondere Verbindung zur menschlichen Natur haben, die eine soziale Dimension aufweist. Jede Gesellschaft bildet sich in und durch die Familie: darüber kann es keinen Zweifel geben. Doch etwas Ähnliches könnte man auch über die Nation sagen.[21]

Insbesondere, so der Papst, können die Nation und das kulturelle Erbe, das sie definiert, nicht durch bloße politische Institutionen oder rechtliche Bindungen zwischen Menschen ersetzt werden:

> Der Begriff „Nation" bezeichnet eine Gemeinschaft, die in einem bestimmten Gebiet ansässig ist und sich durch ihre Kultur von anderen Nationen unterscheidet. Die katholische Soziallehre geht davon aus, dass sowohl die Familie als auch die Nation natürliche Gesellschaften sind, die nicht durch bloße Konvention entstanden sind. Daher können sie in der menschlichen Geschichte durch nichts anderes ersetzt werden. Zum Beispiel kann die Nation nicht durch den Staat ersetzt werden, auch wenn die Nation von Natur aus dazu neigt, sich als Staat zu etablieren. Noch weniger ist es möglich, die Nation mit der sogenannten demokratischen Gesellschaft zu identifizieren, da es sich hier um zwei unterschiedliche, wenn auch miteinander verbundene Ordnungen handelt. Die demokratische Gesellschaft ist dem Staat näher als die Nation. Doch die Nation ist der Boden, auf dem der Staat entsteht.[22]

Da, wie der *Katechismus* lehrt, „jede menschliche Gemeinschaft einer Autorität bedarf, die sie leitet" (1898), ist die Autorität des Staates eine natürliche Begleiterscheinung der menschlichen Gemeinschaft, die die Nation ist. Wie Johannes Paul sagt: „Die Nation muss als Staat existieren."[23] Und weiter heißt es: „Die Frage der Demokratie tritt später in die Arena der Innenpolitik [des Staates] ein." [24] Da die Nation die

---

[21] Ebd., 67.
[22] Ebd., 69–70.
[23] Ebd., 70. Hier zitiert der Papst zustimmend eine Bemerkung von Stanislaw Wyspianski.
[24] Ebd.

natürliche Grundlage ist, auf der der Staat und die Demokratie aufgebaut sind, können sie ohne sie ebenso wenig existieren wie ein Haushalt ohne das Fundament eines Hauses.

So bleibt die patriotische Verbundenheit auch heute noch etwas, worauf die eigene Nation ein Recht hat. Der Papst schreibt:

> Wenn wir fragen, wo der Patriotismus im Dekalog erscheint, kommt die Antwort ohne Zögern: Er ist im vierten Gebot enthalten, das uns verpflichtet, Vater und Mutter zu ehren. Er steht unter dem Schirm des lateinischen Wortes *pietas*, das die religiöse Dimension des Respekts und der Verehrung der Eltern unterstreicht. ...
> Patriotismus ist die Liebe zu allem, was mit unserem Heimatland zu tun hat: seiner Geschichte, seinen Traditionen, seiner Sprache, seinen natürlichen Gegebenheiten. Es ist eine Liebe, die sich auch auf die Werke unserer Landsleute und die Früchte ihrer Genialität erstreckt. Jede Gefahr, die das allgemeine Wohl unserer Heimat bedroht, wird zu einer Gelegenheit, diese Liebe zu demonstrieren.[25]

Wie alle Zuneigungen kann auch die Liebe zum eigenen Land übertrieben werden, bis hin zur Arroganz gegenüber anderen Nationen oder gar zum Götzendienst. „Nationalismus“ ist das Etikett, das gewöhnlich mit einer solchen ungeordneten Vaterlandsliebe verbunden ist (obwohl es wichtig ist darauf hinzuweisen, dass dieses Wort manchmal in einer unschuldigeren Weise verwendet wird, als Synonym für „Patriotismus“). Die Kirche warnt vor solchen Exzessen. In *Populorum Progressio* verurteilte Papst Paul VI. den „hochmütigen Stolz“ eines Nationalismus, der die „Liebe zur ganzen Menschheitsfamilie“ ausschließt (62), und in *Mit brennender Sorge* verurteilte Papst Pius XI. den teuflischen Nationalismus der deutschen Nationalsozialisten. Aber Tugenden sind Mittel zwischen den Extremen, und so wie man zu viel Verbundenheit mit seiner Nation zeigen kann, kann man auch zu wenig zeigen. Der Patriotismus ist der nüchterne Mittelweg, und diejenigen, die ihn im Namen des Kosmopolitismus oder des Internationalismus

---

[25] Ebd., 65–66.

ablehnen, stehen ebenso wenig im Einklang mit der Lehre der Kirche wie diejenigen, die in das entgegengesetzte, irrige Extrem verfallen, indem sie aus ihrer Nation ein Idol machen.

In Übereinstimmung mit dieser traditionellen Lehre bekräftigt das *Kompendium* für die Soziallehre der Kirche, dass die Nationen zwar „jeden Missbrauch der grundlegenden Menschenrechte und insbesondere die Unterdrückung von Minderheiten“ ausschließen müssen; gleichzeitig heißt es aber:

> die Rechte der Nationen sind nichts anderes als „die auf dieser besonderen Ebene des Gemeinschaftslebens gepflegten »Menschenrechte«“. Die Nation hat ein fundamentales „Recht auf Existenz“; ein Recht auf „die eigene Sprache und Kultur (...), durch die ein Volk sich ausdrückt und die das fördern, was ich die ihm eigene geistige »Souveränität« nennen möchte“; ein Recht darauf, „ihr Leben nach den eigenen Überlieferungen zu gestalten, ausgeschlossen natürlich jede Verletzung der grundlegenden Menschenrechte und insbesondere die Unterdrückung der Minderheiten“; und ein Recht darauf, „ihre eigene Zukunft aufzubauen und für eine angemessene Ausbildung ihrer jüngeren Generationen zu sorgen“. (157)

Dieses Recht hat Auswirkungen auf Minderheitengemeinschaften. In der Enzyklika *Pacem in Terris* forderte Papst Johannes XXIII. die Nationen auf, ethnische Minderheitengemeinschaften gerecht zu behandeln, „vor allem, was ihre Sprache, ihre Kultur, ihre alten Traditionen und ihre wirtschaftlichen Aktivitäten und Unternehmungen betrifft“ (96). Aber er mahnte auch, dass Minderheitengemeinschaften die Pflicht haben, die Kultur der größeren Nation, in der sie leben, zu respektieren und sich in sie zu integrieren. Er schrieb:

> Dennoch muss bemerkt werden, dass die Minderheiten – sei es in Reaktion auf die ihnen aufgezwungene schwierige Lage, sei es als Nachwirkung geschichtlicher Ereignisse – nicht selten dazu neigen, die Besonderheiten ihres Stammes über Gebühr hervorzuheben, und zwar so sehr, dass sie selbst die menschlichen Werte, die allen eigen sind, so herabmindern, als ob das Wohl der Menschheitsfamilie dem Wohl ihres

> eigenen Stammes dienen müsse, nicht aber umgekehrt. Es entspricht aber der gesunden Vernunft, dass diese Bürger auch die Vorteile anerkennen, die ihnen aus ihrer besonderen Lage erwachsen; dass nämlich der tägliche Umgang mit Bürgern einer anderen Kultur nicht wenig beiträgt zur Vervollkommnung ihres Geistes und Herzens, da sie sich allmählich die Tugenden des anderen Stammes innerlich aneignen können. Doch dies wird nur dann eintreten, wenn die Minderheiten eine gewisse Gemeinschaft mit den sie umgebenden Völkern pflegen und an deren Gebräuchen und Einrichtungen teilzunehmen suchen, nicht aber, wenn sie Zwistigkeiten säen, die unzählige Schäden verursachen und den Fortschritt der Nationen aufhalten. (53)

Im Lichte dieser Grundsätze müssen wir die Frage der Einwanderung verstehen. Der *Katechismus* lehrt:

> Die wohlhabenderen Nationen sind verpflichtet, soweit es ihnen irgend möglich ist, Ausländer aufzunehmen, die auf der Suche nach Sicherheit und Lebensmöglichkeiten sind, die sie in ihrem Herkunftsland nicht finden können. Die öffentlichen Autoritäten sollen für die Achtung des Naturrechts sorgen, das den Gast unter den Schutz derer stellt, die ihn aufnehmen. Die politischen Autoritäten dürfen im Hinblick auf das Gemeinwohl, für das sie verantwortlich sind, die Ausübung des Einwanderungsrechtes verschiedenen gesetzlichen Bedingungen unterstellen und verlangen, dass die Einwanderer ihren Verpflichtungen gegenüber dem Gastland nachkommen. Der Einwanderer ist verpflichtet, das materielle und geistige Erbe seines Gastlandes dankbar zu achten, dessen Gesetzen zu gehorchen und die Lasten mit zu tragen. (2241)

Einerseits sagt der *Katechismus*, dass eine wohlhabende Nation Einwanderer willkommen heißen soll, insbesondere solche, die in Not sind. Dies ist ein Thema, auf das Papst Franziskus besonderen Wert legt. Der Heilige Vater hat die Nationen aufgefordert, offen zu sein für „Flüchtlinge, die vor Hunger, Krieg und anderen schweren Gefahren fliehen“, und er hat festgestellt:

> In jedem dieser Menschen, die gezwungen sind, sich in Sicherheit zu bringen, ist Jesus gegenwärtig, wie er es zur Zeit des Herodes war. In den Gesichtern der Hungrigen, der Durstigen, der Nackten, der Kranken, der Fremden und der Gefangenen sind wir aufgerufen, das Antlitz Christi zu sehen, der uns anfleht, zu helfen.[26]

Der Papst macht auf die vielfältigen Schwierigkeiten aufmerksam, mit denen Einwanderer konfrontiert sind, und stellt fest, dass „besonders problematisch die Situationen sind, in denen die Migration nicht nur unfreiwillig ist, sondern durch verschiedene Formen des Menschenhandels und der Versklavung in Gang gesetzt wird".[27] Franziskus hat auch die Sündenbockfunktion für Einwanderer verurteilt und beklagt:

> Migranten, Flüchtlinge, Vertriebene und Opfer von Menschenhandel sind zu Symbolen der Ausgrenzung geworden. Abgesehen von den Härten, die ihr Zustand mit sich bringt, werden sie oft verächtlich gemacht und als Ursache für alle gesellschaftlichen Missstände angesehen.[28]

Der Papst hat gemahnt, dass bei der Aufnahme von Immigranten „immer die Integrität der Familie gewahrt werden muss, indem die Familienzusammenführung unterstützt wird – einschließlich der Großeltern, Enkel und Geschwister".[29] Er hat wiederholt betont, dass eine richtige Haltung gegenüber Einwanderern durch „vier Verben artikuliert werden" kann: „willkommen heißen, schützen, fördern und integrieren".[30]

---

[26] Botschaft Seiner Heiligkeit Papst Franziskus für den 106. Welttag der Migranten und Flüchtlinge (13. Mai 2020).

[27] Botschaft Seiner Heiligkeit Papst Franziskus zum Welttag der Migranten und Flüchtlinge (5. August 2013).

[28] Botschaft Seiner Heiligkeit Papst Franziskus zum 105. Welttag der Migranten und Flüchtlinge (30. April 2019).

[29] Botschaft Seiner Heiligkeit Papst Franziskus zum 104. Welttag der Migranten und Flüchtlinge (15. August 2017).

[30] Ansprache Seiner Heiligkeit Papst Franziskus an die Teilnehmer des internationalen Forums „Migration und Frieden" (21. Februar 2017). Der Papst hat diese vier Themen in späteren Erklärungen wiederholt.

Andererseits stellt der *Katechismus* klar, dass die Pflicht zur Aufnahme von Einwanderern nicht bedeutet, dass eine Nation verpflichtet ist, alle Ausländer aufzunehmen, die einreisen wollen, oder dass sie Ausländer bedingungslos aufnehmen muss. Wie bereits erwähnt, sind die Nationen verpflichtet, Ausländer aufzunehmen, „*soweit sie dazu in der Lage sind*". Die Einwanderer sind verpflichtet, „*das geistige Erbe*" der Nation, in die sie einwandern, zu respektieren, „ihre Gesetze zu befolgen und bei der Bewältigung der staatsbürgerlichen Lasten zu helfen". Der *Katechismus* spricht sich nicht für offene Grenzen aus, er lehrt nicht, dass Nationen illegale Einwanderung tolerieren müssen, und er ignoriert nicht die Bedeutung kultureller Erwägungen für die Einwanderungspolitik. Auch Papst Franziskus hat bekräftigt, dass „diejenigen, die ankommen, die Pflicht haben, sich der Kultur und den Traditionen des Aufnahmelandes nicht zu verschließen und vor allem dessen Gesetze zu respektieren".[31] Und anerkennend sagt er:

> Die Anwesenheit von Migranten und Flüchtlingen stellt die verschiedenen Gesellschaften, die sie aufnehmen, vor große Herausforderungen. Diese Gesellschaften sind mit neuen Situationen konfrontiert, die zu ernsthaften Schwierigkeiten führen können, wenn sie nicht angemessen motiviert, gesteuert und geregelt werden.[32]

In ähnlicher Weise erkannte Papst Johannes Paul II. 2001 an, dass selbst „hochentwickelte Länder nicht immer in der Lage sind, alle diejenigen zu assimilieren, die auswandern wollen", und dass die Kirche zwar das Recht auf Auswanderung nachdrücklich bejaht, dass aber „die Ausübung dieses Rechts reguliert werden muss, weil seine unterschiedslose Ausübung Schaden anrichten und dem Gemeinwohl der Gemeinschaft, die die Migranten aufnimmt, abträglich sein kann".[33] 1995 betonte er die Notwendigkeit, Migranten willkommen zu heißen, die bedrohlichen Umstände zu berücksichtigen, vor denen sie manchmal fliehen, und jegliche rassistische und fremdenfeindliche Haltung

---

[31] Ebd.

[32] Botschaft Seiner Heiligkeit Papst Franziskus zum Welttag der Migranten und Flüchtlinge (12. September 2015).

[33] Botschaft des Heiligen Vaters zum 87. Welttag der Migration (2. Februar 2001), Nr. 3.

zu vermeiden. Gleichzeitig räumte er ein, dass „die Migration die Züge einer sozialen Notlage annimmt, vor allem wegen der Zunahme der *illegalen Einwanderer*“ (Hervorhebung im Text des Papstes), und dass das Problem „heikel und komplex“ ist.[34] Er bekräftigte, dass „die illegale Einwanderung verhindert werden muss“ und dass ein Grund dafür, dass sie problematisch ist, darin liegt, dass „das Angebot an ausländischen Arbeitskräften im Vergleich zu den Bedürfnissen der Wirtschaft, die bereits Schwierigkeiten hat, ihre einheimischen Arbeitskräfte zu absorbieren, zu groß wird“; in einigen Fällen kann es notwendig sein, den Migranten zu raten, „sich in anderen Ländern um Aufnahme zu bemühen oder in ihr eigenes Land zurückzukehren“.[35] Papst Franziskus sagte, dass, während die Nationen zusammenarbeiten, um die Not der Migranten zu beheben,

> [...] auch betont werden [muss], dass eine solche Zusammenarbeit mit den Bemühungen eines jeden Landes beginnt, bessere wirtschaftliche und soziale Bedingungen im eigenen Land zu schaffen, so dass die Auswanderung nicht die einzige Option für diejenigen ist, die Frieden, Gerechtigkeit, Sicherheit und die volle Achtung ihrer Menschenwürde suchen. Die Schaffung von Beschäftigungsmöglichkeiten in der lokalen Wirtschaft wird auch die Trennung von Familien verhindern und sorgt dafür, dass Einzelpersonen und Gruppen in den Genuss von Bedingungen der Stabilität und Sorglosigkeit kommen.[36]

Solche Überlegungen haben nichts mit Feindseligkeit oder Gefühllosigkeit gegenüber Migranten zu tun, sondern vielmehr mit der Tatsache, dass wir in Zeiten begrenzter Ressourcen in erster Linie denjenigen verpflichtet sind, zu denen wir besondere Bindungen und Verpflichtungen haben, im Fall unserer eigenen Landsleute ebenso wie im Fall unserer eigenen Familien. So lehrt Thomas von Aquin:

---

[34] Migranten ohne Dokumente (Botschaft von Papst Johannes Paul II. zum Weltmigrationstag) (25. Juli 1995), Nr. 1 und 5.

[35] Ebd., Nr. 2 und 4.

[36] Botschaft Seiner Heiligkeit Papst Franziskus zum Welttag der Migranten und Flüchtlinge (5. August 2013).

> Augustinus sagt ...: „Da man nicht allen Menschen Gutes tun kann, sollen wir vor allem diejenigen berücksichtigen, die durch Ort, Zeit oder andere Umstände sozusagen zufällig enger mit uns verbunden sind." ...
> Nun ist die Ordnung der Natur so, dass jedes natürlich Tätige seine Wirkung zuerst und vor allem auf die Dinge ausübt, die ihm am nächsten sind. Aber die Mitteilung von Wohltaten ist ein Akt der Nächstenliebe. Deshalb sollten wir denjenigen am meisten Gutes tun, die uns am nächsten stehen.
> Die Verbindung eines Menschen mit einem anderen lässt sich an den verschiedenen Angelegenheiten messen, in denen die Menschen miteinander zu tun haben (so besteht die Verbindung der Verwandten in den natürlichen Angelegenheiten, die der Mitbürger in den bürgerlichen Angelegenheiten, die der Gläubigen in den geistlichen Angelegenheiten usw.); und je nach diesen verschiedenen Verbindungen sollen verschiedene Wohltaten auf verschiedene Weise gewährt werden; denn wir sollen jedem vorzugsweise solche Wohltaten gewähren, die zu der Angelegenheit gehören, in der er, einfach gesprochen, am engsten mit uns verbunden ist. ...
> Denn es versteht sich von selbst, dass man unter sonst gleichen Umständen eher denjenigen beistehen soll, die am engsten mit uns verbunden sind.[37]

Für die Notwendigkeit, die Einwanderungspolitik so zu gestalten, dass das Wohlergehen der eigenen Nation gewahrt bleibt, sind kulturelle Erwägungen ebenso relevant wie wirtschaftliche, denn eine Nation ist nicht nur eine in einem bestimmten geographischen Gebiet ansässige Bevölkerung. Sie ist, wie Papst Johannes Paul II. betonte, durch eine gemeinsame Geschichte, Traditionen, Sitten, Sprache usw. geeint, und Störungen dieser kulturellen Bindungen können daher ihre Einheit gefährden. Aus diesem Grund lehrte der heilige Thomas, dass ein Staat Vorsicht walten lassen muss, wenn er eine große Zahl nicht assimilierter Ausländer in die Mitte des Landes aufnimmt. In *Über die Herrschaft der Fürsten* argumentiert er, dass es „schädlich für die bürgerlichen Sitten" sein kann, wenn der Handel zu einer großen Zahl von

[37] 20 ST II-II.31.3 (eigene Übersetzung).

Ausländern führt, die sich ständig in einem Land aufhalten, „denn es ist unvermeidlich, dass Fremde, die unter anderen Gesetzen und Sitten erzogen wurden, in vielen Fällen so handeln, wie es die Bürger nicht zu tun gewohnt sind, und da die Bürger durch ihr Beispiel dazu verleitet werden, ebenso zu handeln, wird ihr eigenes bürgerliches Leben gestört".[38] Ähnlich stellt Thomas von Aquin in der *Summa Theologiae* zustimmend über das alte Israel fest:

> Wenn Ausländer ganz in die Gemeinschaft aufgenommen werden wollten, (...) wurde eine bestimmte Ordnung eingehalten. Denn sie erhielten nicht sofort das Bürgerrecht: so wie es bei einigen Völkern Gesetz war, dass jemandem erst nach zwei oder drei Generationen das Bürgerrecht gewährt wurde (...). Der Grund dafür war, dass, wenn man Ausländern erlaubt, sich in die Angelegenheiten eines Volkes einzumischen, sobald sie sich in seiner Mitte niedergelassen haben, viele Gefahren entstehen können, da die Ausländer, die das Gemeinwohl noch nicht fest im Blick haben, etwas unternehmen können, das dem Volk schadet.[39]

Diese Passagen besagen, dass ein zu freier Fluss der Bevölkerung über die Grenzen hinweg die Zugehörigkeit zu den gemeinsamen Normen und der Kultur einer Nation verwässern kann und dadurch die nationale Einheit bedroht. Auf der einen Seite könnten die Bürger einer Nation aus Rücksicht auf die Ausländer weniger geneigt sein, ihre einheitsstiftenden Normen und ihre Kultur aufrechtzuerhalten, und somit weniger mit ihrer eigenen Nation verbunden sein; auf der anderen Seite könnten die Ausländer geringeren Anreiz verspüren, die Normen und die Kultur selbst zu übernehmen oder zu respektieren, und somit weniger geneigt sein, sich in die erweiterte Familie der Nation zu integrieren, die sie aufnimmt.

Ein aktuelles Beispiel für die erste Art von Phänomen ist die Zunahme dessen, was der Philosoph Roger Scruton als „Oikophobie" bezeichnet, d. h. die Ablehnung der eigenen Nation, die sich bei Menschen aus dem Westen zeigt, die den Patriotismus verachten und ihr eigenes Land

---

[38] Thomas von Aquin, *Über die Herrschaft der Fürsten* (Reclam Verlag)

[39] ST I-II. 105.3.

und ihre eigene Zivilisation als inhärent und einzigartig rassistisch und unterdrückerisch anprangern[40] (siehe die Erörterung der Kritischen Rassentheorie in den folgenden Kapiteln). Ein Beispiel für die zweite Art von Phänomen wäre die Existenz von Einwandererenklaven oder „Ghettos" in europäischen Städten, in denen Außenseiter unerwünscht sind, die Scharia herrscht und Radikalismus gefördert wird. Beide Arten von Phänomenen können zu einem fremdenfeindlichen Gegenschlag unter den Bürgern führen, die sich um die nationale Einheit sorgen. Die Lehre Thomas von Aquins impliziert, dass es für die Behörden legitim ist, die Einwanderungspolitik so zu gestalten, dass solche potenziellen Probleme entschärft werden.

Solche Beispiele sowie die oben zitierten Äußerungen jüngerer Päpste zur kulturellen Integration und der *Katechismus* zeigen, dass diese Überlegungen für die Anwendung der kirchlichen Lehre heute noch genauso relevant sind wie zur Zeit des heiligen Thomas. In der Tat erkennt das Dokument *Die Kirche und der Rassismus* von 1988 an:

> Natürlich ist es Sache der für das Gemeinwohl verantwortlichen öffentlichen Stellen, die Zahl der Flüchtlinge oder Einwanderer festzulegen, die ihr Land aufnehmen kann, wobei seine Beschäftigungsmöglichkeiten und seine Entwicklungsperspektiven, aber auch die Dringlichkeit der Bedürfnisse anderer Menschen zu berücksichtigen sind. Der Staat muss auch darauf achten, dass kein schwerwiegendes soziales Ungleichgewicht entsteht, das mit soziologischen Ablehnungserscheinungen einhergeht, wie sie auftreten können, wenn eine zu starke Konzentration von Personen aus einer anderen Kultur als unmittelbare Bedrohung der Identität und der Gebräuche der lokalen Gemeinschaft, die sie aufnimmt, empfunden wird.[41]

---

[40] Roger Scruton, *The Need for Nations* (London: Civitas, 2004), Kap. 8.
[41] Päpstliche Kommission für Gerechtigkeit und Frieden, *Die Kirche und der Rassismus: Auf dem Weg zu einer brüderlicheren Gesellschaft* (Vatikanstadt: Pontificia Commissio Iustitia et Pax, 1988), Nr. 29.

In ähnlicher Weise hat Papst Johannes Paul II. die Besorgnis über mögliche kulturelle Reibungen zwischen Einwanderergemeinschaften und Bürgern der Länder, die sie aufnehmen, anerkannt:

> Wenn die schrittweise Integration aller Einwanderer mit der Achtung ihrer Identität und gleichzeitig mit der Wahrung des kulturellen Erbes der Völker, die sie aufnehmen, einhergeht, ist die Gefahr geringer, dass sie sich zu regelrechten „Ghettos" zusammenschließen, in denen sie vom sozialen Umfeld isoliert bleiben und manchmal sogar den Wunsch hegen, das Gebiet nach und nach zu übernehmen.[42]

Auch Papst Benedikt XVI. erkannte an, dass die Aufnahmeländer eine „legitime Sorge um die Sicherheit und den sozialen Zusammenhalt" haben, so dass „die Staaten das Recht haben, die Migrationsströme zu regulieren und ihre eigenen Grenzen zu verteidigen", und dass „die Einwanderer darüber hinaus die Pflicht haben, sich in das Aufnahmeland zu integrieren und dessen Gesetze und nationale Identität zu respektieren".[43] Und auch Papst Franziskus hat, ungeachtet seiner besonderen Sorge um Migranten und Flüchtlinge, gesagt:

> Was halte ich von Ländern, die ihre Grenzen schließen? Ich denke, dass die Herzen theoretisch nicht vor Flüchtlingen verschlossen werden dürfen, aber die Regierenden müssen umsichtig sein. Sie müssen sehr offen für die Aufnahme von Flüchtlingen sein, aber sie müssen auch kalkulieren, wie sie diese am besten unterbringen können, denn die Flüchtlinge müssen nicht nur aufgenommen, sondern auch integriert werden. ... Ein politischer Preis kann für ein unkluges Urteil gezahlt werden, wenn mehr aufgenommen werden, als integriert werden können. Was ist die Gefahr, wenn Flüchtlinge oder Migranten – und das gilt für alle – nicht integriert werden? Sie werden zu einem Ghetto. Eine Kultur, die sich nicht in Beziehung zu einer anderen Kultur entwickelt, ist

[42] Botschaft des Heiligen Vaters Johannes Paul II. zum 90. Welttag der Migranten und Flüchtlinge (15. Dezember 2003), Nr. 5.

[43] Botschaft Seiner Heiligkeit Benedikt XVI. zum 97. Welttag der Migranten und Flüchtlinge (27. September 2010).

> bedrohlich. Ich habe mich mit einem Beamten der schwedischen Regierung, [die] mir von einigen Schwierigkeiten erzählte, mit denen sie gegenwärtig konfrontiert ist, gesprochen, weil so viele kommen, dass keine Zeit bleibt, um für sie zu sorgen, damit sie Schulen, Wohnungen und Arbeitsplätze finden und die Sprache lernen können. Diese Rechnung muss mit Bedacht gemacht werden.[44]

Die wirtschaftlichen und kulturellen Erwägungen, die von den Päpsten genannt wurden, haben nichts mit der Rasse zu tun. Sie heben auch in keiner Weise die Lehre der Kirche über die Verpflichtung zur Aufnahme von und Hilfe für die Fremden auf. Der Punkt ist einfach, dass die Kirche selbst anerkennt, dass eine Nation das Recht hat, Bedingungen für die Einwanderung zu stellen, um ihr eigenes Wohlergehen zu schützen. Wie man die Bedürfnisse der Einwanderer und die Interessen der aufnehmenden Nation und ihrer Bevölkerung am besten in Einklang bringt, kann unter bestimmten Umständen eine schwierige Angelegenheit sein, über die Katholiken guten Willens vernünftigerweise unterschiedlicher Meinung sein können. Es ist daher ungerecht und lieblos und widerspricht der Lehre der Kirche, alle Bedenken über die nationale Identität, die wirtschaftlichen und sozialen Interessen der Einwanderer und die kulturellen Folgen der Einwanderung pauschal als rassistisch oder anderweitig bigott motiviert abzutun.

Natürlich ist es wahr, dass einige versuchen könnten, diesen Aspekt der Lehre der Kirche zu entstellen und daraus eine Begründung für Rassismus und Fremdenfeindlichkeit zu machen. Aber dies ist ein Argument für die Notwendigkeit einer korrekten Darstellung der Lehre, nicht für deren Ignorierung. Um G. K. Chesterton zu paraphrasieren: Gegen patriotische Sorgen um die nationale Identität mit der Begründung Einspruch zu erheben, dass sie manchmal als Deckmantel für Fremdenfeindlichkeit benutzt werden, ist so, als würde man gegen die romantische Liebe mit der Begründung Einspruch erheben, dass sie einen eifersüchtigen Liebhaber manchmal dazu gebracht hat, einen

[44] Pressekonferenz Seiner Heiligkeit Papst Franziskus während des Fluges von Schweden nach Rom (1. November 2016).

Rivalen zu ermorden.[45] Wir sollten uns mit Nachdruck gegen jeden Missbrauch einer Lehre wenden, aber immer unter Wahrung der Lehre selbst.

Außerdem geht die Gefahr nicht nur von einer Seite aus. Es stimmt, dass wir niemals zulassen sollen, dass die Lehre der Kirche über den Patriotismus und das Recht einer Nation, ihre kulturelle Identität zu schützen, als Entschuldigung für Rassismus und Fremdenfeindlichkeit dient. Aber wir sollen auch nicht zulassen, dass falsche Anschuldigungen von Rassismus und Fremdenfeindlichkeit als Entschuldigung dafür dienen, die Lehre der Kirche über den Patriotismus und die Rechte einer Nation, ihre kulturelle Identität zu schützen, zu ignorieren.

Einige Katholiken mögen sich fragen, ob das Schiff zu diesem Zeitpunkt bereits den Hafen verlassen hat – ob die traditionelle Lehre der Kirche über die Nation nicht bereits überholt ist und aufgegeben werden sollte, angesichts des Aufstiegs multinationaler Unternehmen und der globalen Wirtschaft, der Macht supranationaler Institutionen wie der Welthandelsorganisation und der Europäischen Union, der Verbreitung multikultureller Ideen und Politiken usw. Aber das ist so, als würde man sagen, dass die Lehre der Kirche über die Sexualmoral veraltet sei und angesichts der Verbreitung von Abtreibung, Scheidung, Unzucht, Homosexualität, Empfängnisverhütung und so weiter aufgegeben werden sollte. Die Kirche hat die Pflicht, ihre Lehre in ihrer Gesamtheit darzulegen, und nicht nur die Aspekte, die die modernen Menschen bereit sind zu befolgen oder die aus anderen Gründen für die säkulare konventionelle Weisheit unschädlich sind. In der Tat sind es gerade die am wenigsten populären Aspekte ihrer Lehre, die die säkulare Welt am dringendsten hören muss.

Dass die traditionelle Lehre der Kirche zu Patriotismus und Nation heute besonders aktuell ist, zeigt das jüngste Wiederaufleben populistischer und antiglobalistischer Bewegungen in Europa und den Vereinigten Staaten. Wie Papst Johannes Paul II. lehrte, ist die Nation eine

---

[45] Zitiert in Scruton, *The Need for Nations*, 3. Der besondere Missbrauch des Patriotismus, den Chesterton selbst im Sinn hatte, bestand darin, ihn als Vorwand für Kriegstreiberei zu benutzen.

natürliche Institution, und ein Gefühl der nationalen Loyalität erfüllt ein natürliches menschliches Bedürfnis. Wenn dieses Bedürfnis nicht auf gesunde Weise befriedigt wird, werden die Menschen versuchen, es auf ungesunde Weise zu befriedigen. Und wenn Regierungen die legitimen Sorgen um die nationale Identität und die wirtschaftlichen Interessen der Arbeiterklasse und unterschiedslos alle Ausdrucksformen als rassistisch und bigott ignorieren – dann *erhöhen* sie damit eher die Wahrscheinlichkeit einer hässlichen fremdenfeindlichen Überreaktion, die sie vermeiden wollen, als dass sie diese verringern. Wie Chesterton argumentierte: „Was wir wirklich brauchen, um einen tauben und lärmenden Jingoismus zu frustrieren und zu stürzen, ist ein Wiederaufleben der Liebe zum Heimatland. Wenn das kommt, werden alle schrillen Schreie plötzlich verstummen."[46] Die Lehre der Kirche über den Patriotismus und die Nation als natürliche Einrichtung ist keineswegs ein Zugeständnis an Nationalismus, Rassismus oder Fremdenfeindlichkeit, sondern gerade ein Korrektiv dazu. Sie ist der nüchterne Mittelweg zwischen diesen Irrtümern einerseits und dem übertriebenen Individualismus und Globalismus andererseits, die dazu neigen, die nationalen Loyalitäten aufzulösen.

[46] G. K. Chesterton, "In Defence of Patriotism", in *The Defendant* (London: R. Brimley Johnson, 1901), 167.

4

Was ist die Kritische Rassentheorie?

Ein weiterer Bereich, in dem die Lehre der Kirche ein notwendiges Korrektiv darstellt, betrifft den Aufstieg der Kritischen Rassentheorie (oft mit CRT abgekürzt, vom englischen Terminus *Critical Race Theory*), die zunächst von akademischen Rechtstheoretikern wie Derrick Bell, Alan Freeman und Kimberlé Crenshaw entwickelt wurde und in letzter Zeit unter anderem durch die Bestseller *How to Be an Antiracist* von Ibram X. Kendi und *White Fragility* von Robin DiAngelo populär geworden ist.[47] Da die CRT im Namen des „Antirassismus" energisch gefördert wird, nehmen viele an, dass sie etwas Gutes sein müsse. Das ist so naiv wie die Annahme, dass der Marxismus gut sein müsse, da er sich als Verbündeter der Arbeiterklasse präsentiert. In Wirklichkeit hat der Marxismus nur eine Unterdrückung hervorgebracht, die noch schlimmer ist als die, die er auszurotten vorgibt. In ähnlicher Weise fördert die CRT im Namen der Beseitigung des Übels des Rassismus in Wirklichkeit eine neue und heimtückische Form des Rassismus. Wie der Marxismus ist die CRT eine schwere Perversion der guten Sache, die sie zu vertreten vorgibt, und sie ist völlig unvereinbar mit der katholischen Soziallehre.

---

[47] Ibram X. Kendi, *How to Be an Antiracist* (New York: One World, 2019) und Robin DiAngelo, *White Fragility: Why It's So Hard for White People to Talk about Racism* (Boston: Beacon Press, 2018). Für einen allgemeinen Überblick über die wichtigsten Ideen und die wissenschaftliche Literatur siehe Richard Delgado und Jean Stefancic, *Critical Race Theory: An Introduction*, 3rd ed. (New York: New York University Press, 2017). Eine Sammlung von Artikeln der Gründungsdenker der Bewegung finden Sie in Kimberlé Crenshaw, Neil Gotanda, Gary Peller und Kendall Thomas, Hrsg., *Critical Race Theory: The Key Writings that Formed the Movement* (New York: The New Press, 1995).

Lassen Sie uns zunächst einen Überblick über die wichtigsten Behauptungen der Kritischen Rassentheorie geben und dann die philosophischen und sozialwissenschaftlichen Einwände gegen sie sowie die zahlreichen Widersprüche der CRT zur Lehre der Kirche betrachten. Die grundlegende Behauptung der CRT ist, dass der Rassismus die Ecken und Winkel jeder sozialen Institution und die Psyche jedes Einzelnen vollständig durchdringe. Er stecke besonders tief in jedem einzelnen Weißen, aber er infiziere auch das Denken nichtweißer Menschen insofern, als sie die rassistischen Annahmen, die Weiße über sie haben, übernommen und die rassistische Politik und die Institutionen, durch die Weiße sie unterdrücken, akzeptiert hätten. Ein „System der Vorherrschaft der Weißen über die Farbigen" sei, so behauptet die CRT, „normal, nicht abnormal ...".[48] „Kein Aspekt der Gesellschaft", so DiAngelo, „steht außerhalb der Macht des Rassismus".[49] Nichtweiße Menschen ersticken unter einem Regime der „rassistischen Macht", des „weißen Privilegs" und tatsächlich der „weißen Vorherrschaft".[50]

Leser, die mit der CRT nicht vertraut sind, mögen bei solchen Formulierungen an stereotype Beispiele für rassistisches Verhalten und rassistische Politik denken – Versammlungen des Ku-Klux-Klans und Kreuzverbrennungen, Jim-Crow-Gesetze, die die Rassentrennung im amerikanischen Süden durchsetzten, die Apartheid in Südafrika und so weiter. Angesichts der Tatsache, dass diese Politik in den Vereinigten Staaten und in Südafrika längst abgeschafft ist und der KKK und ähnliche Organisationen weithin als verrufen gelten und nur einen geringen Einfluss haben, mag das Gerede von „weißer Vorherrschaft" und dergleichen gelinde gesagt überzogen erscheinen. Aber das ist nicht das, was die CRT-Autoren im Sinn haben, wenn sie eine solche Sprache verwenden. Sie sind der Meinung, dass selbst Gesellschaften, in denen es keine derartigen offenen Äußerungen von Rassismus gibt, und selbst Weiße, die Rassismus ausdrücklich ablehnen, in

[48] Delgado und Stefancic, *Critical Race Theory*, 8.

[49] DiAngelo, *White Fragility*, 13.

[50] Solche Ausdrücke sind in der gesamten CRT-Literatur reichlich zu finden; siehe Delgado und Stefancic, *Critical Race Theory*, 85–92 und DiAngelo, *White Fragility*, Kap. 2 für ausführliche Darstellungen, wie sie von CRT-Autoren verstanden werden.

Wirklichkeit rassistisch seien, ohne sich dessen bewusst zu sein. In der Tat durchdringt „Rassismus ... jede Spur unserer Realität".[51]

Wie manifestiert sich dieser angeblich allgegenwärtige Rassismus? CRT-Autoren behaupten erstens, dass er sich in jeder „Ungerechtigkeit" oder „Ungleichheit" zwischen Weißen und Angehörigen anderer Rassengruppen zeige. Nehmen wir zum Beispiel an, dass zehn Prozent der Bevölkerung eines bestimmten Landes schwarz sind, aber weniger als zehn Prozent der Ärzte oder Börsenmakler in diesem Land Schwarze sind. Dies, so behaupten die CRT-Autoren, sei eine Manifestation des Rassismus. Kendi hält die Existenz einer solchen „Rassenungleichheit" für das Kennzeichen einer „rassistischen Politik", eines „systemischen Rassismus", eines „institutionellen Rassismus" oder eines „strukturellen Rassismus".[52] Er erklärt mit Nachdruck: „Als Antirassist sehe ich Rassismus, wenn ich rassische Ungleichheiten sehe.[53] DiAngelo vertritt die Auffassung, dass „die Zuschreibung von Ungleichheiten zwischen Weißen und Farbigen auf andere Ursachen als Rassismus" - zum Beispiel die Annahme, dass Unterschiede in der Vertretung der Rassen in solchen Berufen kulturelle Unterschiede zwischen rassischen oder ethnischen Gruppen widerspiegeln - selbst eine „Umsetzung von Rassismus" darstellt.[54] „Antirassistisch zu sein", sagt Kendi, „bedeutet, die Ungleichheiten zwischen allen rassifizierten ethnischen Gruppen als ein Problem der *Politik* zu betrachten" und nicht als ein Problem kultureller Werte, Verhaltensweisen oder anderer Faktoren.[55] Man muss davon ausgehen, dass nur „die Politik den Erfolg von Gruppen bestimmt" und dass „es die rassistische Macht ist, die die Politik schafft, die rassische Ungleichheiten verursacht".[56]

---

[51] DiAngelo, *White Fragility*, 72. DiAngelo zitiert hier zutreffend Omowale Akintunde.

[52] Kendi, *How to Be an Antiracist*, 18.

[53] Zitiert nach "'When I See Racial Disparities, I See Racism': Discussing Race, Gender and Mobility", New York Times, March 27, 2018, https://www.nytimes.com/interactive/2018/03/27/upshot/reader-questions-about-race-gender-and-mobility.html.

[54] DiAngelo, *White Fragility*, 43–44.

[55] Kendi, *How to Be an Antiracist*, 64 (Hervorhebung hinzugefügt).

[56] Ebd., 94.

Nach Ansicht der Kritischen Rassentheoretiker manifestiert sich Rassismus auch durch „Mikro-Aggressionen“ und „implizite Vorurteile“. „Mikro-Aggressionen“ werden in einer einflussreichen Einführung in die CRT als „kleine rassistische Handlungen“ charakterisiert, als Handlungen, „die bewusst oder unbewusst begangen werden und aus den Annahmen über rassische Angelegenheiten entstehen, die die meisten von uns aus dem kulturellen Erbe aufnehmen, in dem sie aufgewachsen sind, etwa den Vereinigten Staaten“.[57] Als Beispiele werden genannt: eine weiße Kassiererin, die einen nichtweißen Kunden nicht anlächelt oder keinen Smalltalk mit ihm führt, und ein weißer Fußgänger, der einem vorbeigehenden nichtweißen Jogger nicht die nötige Anerkennung zollt. Der angebliche Rassismus dieser Art ist so subtil, dass er „von Angehörigen der Mehrheitsrasse in der Regel nicht bemerkt wird“.[58] Dennoch wehrt sich Kendi dagegen, solche Handlungen als „Mikro-Aggressionen“ zu bezeichnen, da dieser Begriff zu mild sei. Seiner Meinung nach sind sie eher als „rassistische Beschimpfungen“ zu bezeichnen.[59] „Implizite Vorurteile“ werden definiert als „unbewusste Assoziation einer Idee mit einer anderen, wie Rasse und persönliche Eigenschaften, die häufig eine negative Einstellung zum Ausdruck bringt“.[60] Dies könnten zum Beispiel die „unbeabsichtigte Diskriminierung von Farbigen während [eines] Einstellungsverfahrens“ oder „antischwarze Gefühle, die … unbewusst nach außen dringen können“, sein, wenn wir zum Beispiel auf der Straße an einer schwarzen Person vorbeigehen.[61] Auch hier ist der angebliche Rassismus so subtil, dass wir ihn nur sehen können, wenn wir mit Hilfe der CRT „unsere antirassistischen Augen dafür öffnen“.[62] In der Tat gibt es ihn sogar bei denjenigen, die sich bewusst gegen Rassismus aussprechen und sich überhaupt nicht um die Hautfarbe scheren. DiAngelo warnt vor „einer Erscheinungsform des Rassismus, die wohlmeinende Menschen, die sich selbst als gebildet und fortschrittlich betrachten, mit größerer Wahrscheinlichkeit an den Tag legen“, weil sie „unter der Oberfläche des Bewusstseins existiert [und] mit bewusst vertretenen

---

[57] Delgado und Stefancic, *Critical Race Theory*, 2.

[58] Ebd., 179.

[59] Kendi, *How to Be an Antiracist*, 47.

[60] Delgado und Stefancic, *Critical Race Theory*, 176.

[61] DiAngelo, *White Fragility*, 42 und 90.

[62] Kendi, *How to Be an Antiracist*, 221

Ansichten in Konflikt steht [und] im Widerspruch zu bewusst vertretenen Überzeugungen von Rassengleichheit und Gerechtigkeit steht".[63] Rassismus lauert also unbewusst selbst bei denjenigen, die nach allen gängigen Maßstäben paradigmatische Beispiele für Nichtrassisten wären. „Die Sprache der Farbenblindheit – wie auch die Sprache des ‚Nichtrassismus' - ist", so Kendi, „in Wirklichkeit eine Maske, um den Rassismus zu verbergen."[64]

Nach Ansicht dieser CRT-Autoren bestätigen diejenigen, die leugnen, Rassismus zu hegen, nur, dass sie Rassisten sind, indem sie ihn leugnen. DiAngelo bezeichnet mit dem Begriff „weiße Zerbrechlichkeit" [white fragility] die Tendenz weißer Menschen, sich über die Anschuldigung, sie seien rassistisch, zu ärgern. Ihrer Ansicht nach ist „die Abwehrhaltung, die auf jede Andeutung von rassistischer Voreingenommenheit folgt, ... eine klassische weiße Zerbrechlichkeit, weil sie unsere rassistische Voreingenommenheit schützt, während sie gleichzeitig unsere Identität als aufgeschlossen bekräftigt".[65] Weiße Zerbrechlichkeit zeigt sich bei denjenigen, die auf den Vorwurf, rassistisch zu sein, mit „Argumenten" und anderen Formen der Ablehnung reagieren.[66] Ihre Funktion besteht darin, als „mächtiges Mittel der weißen rassischen Kontrolle und des Schutzes des weißen Vorteils" zu dienen.[67] Tatsächlich ist es eine Form von „Mobbing", wenn man es wagt, an der CRT-Analyse Anstoß zu nehmen oder ihr nicht zuzustimmen.[68] In Wirklichkeit, so DiAngelo, werden Weiße, denen gesagt wird, sie seien rassistisch, lediglich „erzogen" und „rassisch bewusster" gemacht, und die Antwort, die sie den CRT-Denkern und -Aktivisten, die diese Erziehung bieten, geben sollten, ist: „Danke".[69] „Der Herzschlag des Rassismus ist die Verleugnung", sagt Kendi, und „der Herzschlag des Antirassismus ist das Bekenntnis".[70]

---

[63] DiAngelo, *White Fragility*, 43

[64] Kendi, *How to Be an Antiracist*, 42.

[65] DiAngelo, *White Fragility*, 42

[66] Ebd., 2 und 101.

[67] Ebd., 2.

[68] Ebd., 112.

[69] Ebd., 125 und 150.

[70] Kendi, *How to Be an Antiracist*, 235.

Die bösartige Quelle dieses „systemischen Rassismus“, sagen CRT-Autoren, sei das „Weißsein“, eine „Eigenschaft, die sich auf euroamerikanische oder kaukasische Menschen oder Traditionen bezieht“.[71] Daher widmet sich ein Unterbereich innerhalb der CRT, der als *Critical White Studies* bekannt ist, dem „Studium der weißen Rasse“ und des „weißen Bewusstseins“ sowie des „weißen Privilegs“ und der „weißen Solidarität“, durch die die „weiße Vorherrschaft“ aufrechterhalten wird.[72] Auch hier könnte der unvorsichtige Leser annehmen, dass es sich um den KKK, Neonazi-Skinheads, Anhänger der Rassentrennung und andere Randgruppen handele, und er könnte sich wundern, dass jemand tatsächlich glaubt, solche Rassisten hätten heute viel Macht oder Einfluss. Aber noch einmal, die CRT-Autoren sprechen nicht über diese Art von Menschen, sondern eher über einen angeblichen Rassismus, der so subtil ist, dass er sogar das Denken derjenigen durchdringt, die sich selbst als fortschrittlich und gegen Rassismus eingestellt betrachten. Und die CRT betrachtet diesen subtilen Rassismus als einen Eisberg, von dem die offenen Formen des Rassismus der Vergangenheit nur die Spitze gewesen seien; daher habe die Abschaffung von Rassentrennung und dergleichen wenig zur Verbesserung der Lage beigetragen. Bell argumentiert, dass die Integration und die damit verbundenen Maßnahmen nur insoweit umgesetzt worden seien, als sie den Weißen zugutegekommen seien.[73] Ein prominentes akademisches Mainstream-Buch über die CRT proklamiert die These, dass das „weiße Privileg“ nach wie vor ein so durchdringendes Merkmal der amerikanischen Gesellschaft sei, dass selbst in Abwesenheit von „offenem Rassismus ... unser System der Herrschaft von Weiß über Schwarz/Braun ... praktisch unverändert bleibt ... so dass wir ungefähr so bleiben, wie wir vorher waren“.[74] Tatsächlich behauptet DiAngelo, dass die subtilen Formen des Rassismus, die die CRT zu identifizieren vorgibt, „in bestimmter Weise ... unheilvoller sind als konkrete Regeln wie Jim Crow“.[75] Auch sind es nicht nur die Vereinigten

[71] Delgado und Stefancic, *Critical Race Theory,* 186.

[72] Ebd., 85f.

[73] Siehe Derrick A. Bell, Jr., "Brown v. Board of Education and the Interest Convergence Dilemma", in Crenshaw u. a., Hrsg., *Critical Race Theory*, 22–23.

[74] Delgado und Stefancic, *Critical Race Theory*, 90–91.

[75] DiAngelo, *White Fragility*, 50 [Anmerkung des Übersetzers: Der Ausdruck Jim Crow („Jim, [die] Krähe“) war in den USA im 19. Jahrhundert die Bezeichnung für

Staaten, die von der „weißen Vorherrschaft“ bestimmt werden. DiAngelo zufolge wird durch die wirtschaftliche, kulturelle und militärische Macht der USA „die weiße Vorherrschaft weltweit verbreitet, [und] diese mächtige Ideologie fördert die Idee des Weißseins als Ideal der Menschheit weit über den Westen hinaus“.[76]
„Weißsein“, so DiAngelo, ist so durch und durch bösartig, dass „Anti-Schwarzsein für unsere Identität als Weiße grundlegend ist“.[77] Während also ein Gefühl der rassischen Identität und Solidarität für Nichtweiße gesund sein kann, ist nach DiAngelos Ansicht „eine positive weiße Identität ein unmögliches Ziel“, denn „weiße Identität ist von Natur aus rassistisch [und] weiße Menschen existieren nicht außerhalb des Systems der weißen Vorherrschaft“.[78] Daher obliegt es Weißen, „mit [ihrer] weißen Zerbrechlichkeit“ zu kämpfen und „danach zu streben, ‚weniger weiß‘ zu sein“, indem sie sich ihrem Rassismus stellen und ihr Privileg aufgeben.[79] Da ihr Rassismus so subtil ist und so tief sitzt, ist dies eine „lebenslange Arbeit, die nur ihnen vorbehalten ist“, und da ihr „Lernen niemals abgeschlossen sein wird, wird es auch nicht nötig sein, sie zur Rechenschaft zu ziehen“.[80] Weiße müssen sich an das „Unbehagen“ gewöhnen, an das Gefühl, „nicht verankert“ zu sein und „nicht zu wissen“, um eine „rassische Demut“ zu erreichen.[81] „[Sie] müssen Trauer über die Brutalität der weißen Vorherrschaft und [ihre] Rolle darin empfinden.“[82] Im Lichte der CRT-Analyse kommt eine andere einflussreiche Arbeit zu dem Schluss: „Kein weißes Mitglied der Gesellschaft scheint also unschuldig zu sein.“[83]

Es mag offensichtlich absurd erscheinen, einer bestimmten weißen Person Schuld zuzuschreiben, wenn es keine Beweise dafür gibt, dass

---

das Stereotyp eines tanzenden, singenden Schwarzen, der vor allem in den Minstrel Shows ein beliebtes Thema war].

[76] Ebd., 29.

[77] Ebd., 91.

[78] Ebd., 149.

[79] Ebd., 150.

[80] Ebd., 33 und 152.

[81] Ebd., 14.

[82] Ebd., 137.

[83] Delgado und Stefancic, *Critical Race Theory*, 91.

sie absichtlich gehandelt hat, um nichtweißen Menschen Schaden zuzufügen, oder dass sie anderweitig Schuld an rassischen Ungleichheiten trägt. Aber CRT-Theoretiker wie Freeman behaupten, dass allein schon die Vorstellung, dass wir das Problem im Hinblick auf bestimmte Handlungen oder Personen betrachten sollten, die als „Ursachen" oder „Schuld" identifiziert werden könnten, die „Täterperspektive" widerspiegele, und sie fordern, dass wir stattdessen eine „Opferperspektive" einnehmen, die sich einfach auf den Zustand von benachteiligten Minderheitengruppen konzentriert und nicht auf deren Ursache.[84] Crenshaw besteht darauf, das von Minderheiten erlittene Unglück als „Muster der Unterordnung" zu bezeichnen, unabhängig davon, ob es „absichtlich erzeugt" wurde oder nicht.[85]

Was bedeutet die Bekämpfung des „Weißseins" und des „systemischen Rassismus" auf der Ebene der öffentlichen Politik? CRT-Befürworter sind der Ansicht, dass „nur aggressive, farbbewusste Bemühungen" zugunsten nichtweißer Menschen die Aufgabe erfüllen werden.[86] Dies erfordert Rassendiskriminierung zu ihren Gunsten und gegen Weiße. Bell besteht darauf, dass eine Politik der Rassengleichheit und die Anwendung derselben abstrakten Rechtsprinzipien auf alle Personen in Wirklichkeit Weiße begünstige.[87] Dementsprechend schlägt ein CRT-Denker vor, dass „Zulassungsbeamte die Noten von [weißen, vorstädtischen] Bewerbern" aufgrund ihres „weißen Privilegs" nicht zählen oder bestrafen.[88] Einige CRT-Aktivisten diskutieren sogar darüber, ob „Weiße in der Bewegung und bei ihren Workshops und Konferenzen willkommen sein sollen".[89] Kendi vertritt die Ansicht, dass „Rassendiskriminierung nicht von Natur aus rassistisch ist" und dass in der

---

[84] Alan David Freeman, "Legitimizing Racial Discrimination through Antidiscrimination Law: A Critical Review of Supreme Court Doctrine", in Crenshaw, et al. (Hrsg.), *Critical Race Theory*, 30.

[85] 39 Kimberlé Williams Crenshaw, "Mapping the Margins: Intersectionality, Identity Politics, and Violence against Women of Color", in Crenshaw, et al. (Hrsg.), *Critical Race Theory*, 359.

[86] Delgado und Stefancic, *Critical Race Theory*, 27.

[87] Derrick A. Bell, Jr., "Racial Realism", in: Crenshaw et al., eds., *Critical Race Theory*, 304 und 307.

[88] Delgado und Stefancic berichten sachlich über diesen Vorschlag, *Critical Race Theory*, 134.

[89] Ebd., 105.

Tat, „wenn Diskriminierung Gerechtigkeit schafft, sie antirassistisch ist".[90] Er fährt fort:

> Das einzige Mittel gegen rassistische Diskriminierung ist antirassistische Diskriminierung. Das einzige Mittel gegen die Diskriminierung in der Vergangenheit ist die Diskriminierung in der Gegenwart. Das einzige Mittel gegen die gegenwärtige Diskriminierung ist die zukünftige Diskriminierung.[91]

Darüber hinaus muss eine solche Diskriminierung auch in Zukunft fortbestehen, solange es rassische Ungleichheiten gibt, unabhängig davon, wie unwirksam bestimmte Maßnahmen sind, um sie zu beseitigen. „Wenn Maßnahmen versagen .. muss man von vorne anfangen und nach neuen und wirksameren antirassistischen Maßnahmen suchen, bis sie funktionieren".

Für einige CRT-Autoren könnten auch „Sprachregelungen auf dem Campus" und „deliktorientierte Rechtsmittel für rassistische Äußerungen" erforderlich sein.[92] Einige plädieren für eine „Kriminalisierung" solcher Äußerungen, andere für „ein neues unabhängiges Delikt, bei dem die Opfer von vorsätzlicher, von Angesicht zu Angesicht ausgeübter Gewalt klagen und Schadensersatz geltend machen könnten".[93] Wenn man bedenkt, wie weit die CRT-Autoren Begriffe wie „Rassismus" und „Aggression" definieren, wird eine solche Überwachung der Rede zwangsläufig umfangreich sein. „Wirtschaftsboykotte" werden ebenfalls notwendig sein, und in der Tat muss der antirassistische Wandel möglicherweise „konvulsivisch und kataklystisch" sein, anstatt einen „friedlichen Übergang" zu beinhalten.[94] Wenn dem so ist, dann müssen „kritische Theoretiker und Aktivisten eine strafrechtliche Verteidigung für Widerstandsbewegungen und Aktivisten anbieten und Theorien und Strategien für diesen Widerstand formulieren."[95]

---

[90] Kendi, *How to Be an Antiracist*, 19.

[91] Ebd.

[92] Delgado und Stefancic, *Critical Race Theory*, 25.

[93] Ebd., 125.

[94] Ebd., 154–55.

[95] Ebd.

Leser, die mit der *Critical Race Theory* nicht vertraut sind, mögen über einen solchen Extremismus schockiert sein. Vielleicht sind sie daran gewöhnt, den Widerstand gegen Rassismus mit dem Liberalismus zu verbinden, der traditionell auf der Achtung des Rechts auf freie Meinungsäußerung, Nichtdiskriminierung, der Beurteilung von Menschen als Individuen und nicht auf der Grundlage ihrer Gruppenzugehörigkeit, sowie auf rationaler Überzeugungsarbeit und Rechtsreformen anstelle von Zwang besteht. Allerdings betrachtet die CRT ebenso wie der Marxismus den Liberalismus als unzureichend radikal und in der Tat als reaktionär. Die CRT lehnt „den traditionellen Bürgerrechtsdiskurs ab, der Inkrementalismus und schrittweisen Fortschritt betont", und stellt stattdessen „die Grundlagen der liberalen Ordnung in Frage", einschließlich Ideen wie „aufklärerischer Rationalismus", „neutrale Prinzipien des Verfassungsrechts", „Farbenblindheit", „Gleichbehandlung aller Menschen" und „Rechte".[96] Bell ist der Ansicht, dass solche Begriffe den Schwarzen tatsächlich schaden.[97] DiAngelo lehnt „Individualismus und Farbenblindheit" als „Ideologien des Rassismus" ab, und „Objektivität" gleich mit.[98] „Im Gegensatz zur Ideologie des Individualismus", sagt sie, „repräsentieren wir unsere Gruppen und diejenigen, die vor uns gekommen sind", und „wir sehen nicht mit klaren oder objektiven Augen – wir sehen durch rassische Brillengläser."[99] Crenshaw meint, dass es für Schwarze politisch unangebracht sei, sich in erster Linie als Personen zu sehen (im Gegensatz dazu, sich in erster Linie als *Schwarze* zu sehen).[100] Kendi hält das Streben nach einer „rassenneutralen" Gesellschaft in der Tat für „die bedrohlichste rassistische Bewegung".[101] Auch er ist der Meinung, dass „Objektivität in Wirklichkeit ‚kollektive Subjektivität' ist" und dass „es unmöglich ist, objektiv zu sein".[102] Indem er den Relativismus, den solche Ansichten mit sich bringen, fröhlich akzeptiert, behauptet er,

[96] Ebd., 4, 26 und 28–29.

[97] Bell, "Racial Realism", 304 und 306-7.

[98] DiAngelo, *White Fragility*, 9 und 89.

[99] Ebd., 85–86.

[100] Crenshaw, "Mapping the Margins", 375.

[101] Kendi, *How to Be an Antiracist*, 20.

[102] Ebd., 167. Kendi zitiert hier zustimmend Ansichten, die er Molefi Kete Asante und Ama Mazama zuschreibt.

dass „kulturelle Relativität das Wesen des kulturellen Antirassismus [ist]".[103]

Wenn es keine neutralen, objektiven, rationalen Standards gibt, anhand derer die Kritischen Rassentheoretiker und diejenigen, die mit ihnen nicht übereinstimmen, ihre Streitigkeiten beilegen können – was bleibt dann übrig? Wie können Herzen und Köpfe verändert werden? Kendi scheut sich nicht, die offensichtliche Schlussfolgerung zu ziehen. „Das Rassenproblem", sagt er, „ist im Kern immer ein Machtproblem gewesen, nicht das Problem der Unmoral oder der Ignoranz."[104] Die Frage, wie man die Herzen und Köpfe ändern kann, ist daher nicht von Belang. Was zählt, ist Macht. Er fährt fort:

> Das ursprüngliche Problem des Rassismus ist nicht durch Überredung gelöst worden. Wissen ist nur dann Macht, wenn das Wissen in den Kampf um die Macht eingebracht wird. Köpfe zu ändern ist keine Bewegung. ... Köpfe zu ändern ist kein Aktivismus. Ein Aktivist erzeugt Macht und politischen Wandel, nicht mentalen Wandel.[105]

Dementsprechend plädiert Kendi für eine Bewegung, in der „Antirassisten nur durch das Verlangen nach politischer Gestaltungsmacht angetrieben werden".[106]

Rassismus ist nicht das Einzige, das nach Ansicht der CRT-Autoren die Gesellschaft so sehr durchdringt, dass es rigoros ausgerottet werden muss. Nach dem CRT-Begriff der „Intersektionalität", der zuerst von Crenshaw eingeführt wurde, erleben viele Menschen angesichts der Existenz von Kategorien wie „Rasse, Geschlecht, Klasse, nationale Herkunft und sexuelle Orientierung" „mehrere Formen der Unterdrückung".[107] Daher wird die CRT-Analyse von Rassismus auf Analysen von „Sexismus", „Klassismus", „Homophobie", „Transphobie" usw. ausgedehnt. In all diesen Fällen müssen „Ungleichheiten", „Mikroaggressionen", „implizite Vorurteile" usw. aufgespürt und bekämpft

---

[103] Ebd., 91.
[104] Ebd., 208.
[105] Ebd., 209.
[106] Ebd., 214.
[107] Delgado und Stefancic, *Critical Race Theory*, 58–59.

werden. So sagt uns Kendi, dass „der Kapitalismus im Wesentlichen rassistisch und der Rassismus im Wesentlichen kapitalistisch“ sei und dass sie „zwei Seiten desselben zerstörerischen Körpers“ seien, die „eines Tages zusammen sterben werden“.[108] Er sagt, dass die „Ungleichheiten zwischen Frauen und Männern“ die „Geschlechterpolitik“ widerspiegeln und dass auch diese im Namen des Antirassismus beseitigt werden müssen, denn „wirklich antirassistisch zu sein bedeutet feministisch zu sein“.[109] In ähnlicher Weise heißt es weiter: „[W]ir können nicht antirassistisch sein, wenn wir homophob oder transphob sind“, und müssen daher „Gesetze zur Religionsfreiheit ... als Wegnahme der Rechte von queeren Menschen“ betrachten.[110] Kurz gesagt: „Die intersektionale Theorie gibt nun der gesamten Menschheit die Fähigkeit, die intersektionale Unterdrückung ihrer Identitäten zu verstehen.“[111]

Die Implikationen könnten nicht radikaler sein. Die moderne Geschichte, so versichert uns Kendi, war nichts anderes als „ein Kampf zwischen Rassisten und Antirassisten“[112], und unsere gegenwärtige Situation bleibt so: „Unsere Welt leidet an metastasierendem Krebs. Stadium 4. Der Rassismus hat sich auf fast jeden Teil des politischen Körpers ausgebreitet.“[113] Selbst die bisher beschriebenen extremen politischen Maßnahmen werden nicht ausreichen, um hier Abhilfe zu schaffen. Die menschliche Seele selbst muss umgestaltet werden, denn „wie der Kampf gegen eine Sucht erfordert das Leben als Antirassist eine beharrliche Selbsterkenntnis, ständige Selbstkritik und regelmäßige Selbstprüfung ... eine radikale Neuausrichtung unseres Bewusstseins“.[114] Neutralität im Kampf darf nicht zugelassen werden. Man kann nicht behaupten, nichtrassistisch zu sein, während man die Analyse und Politik der CRT nicht unterstützt. „Entweder man lässt als Rassist zu, dass rassische Ungerechtigkeiten dauerhaft bestehen, oder man bekämpft als Antirassist rassistische Ungerechtigkeiten“, betont

---

[108] Kendi, *How to Be an Antiracist*, 163.

[109] 64 Ebd., 189.
[110] 65 Ebd., 197.
[111] 66 Ebd., 191.
[112] Ebd., 150.
[113] Ebd., 234.
[114] Ebd., 23.

Kendi. „Es gibt keinen sicheren Zwischenraum von 'nicht rassistisch'. Die Behauptung der 'nicht rassistischen' Neutralität ist eine Maske für den Rassismus."[115] Kurz gesagt, jeder, der von CRT abweicht, ist als Teil des rassistischen Feindes zu betrachten.

[115] Ebd., 9.

5

Philosophische Probleme der Kritischen Rassentheorie

Ich habe aus den wichtigsten und meistverkauften Werken der Kritischen Rassentheorie sowie aus den akademischen Theoretikern, die sie beeinflusst haben, zitiert, und zwar ausführlich, damit der Leser erkennen kann, wie extrem diese zunehmend populären Ansichten wirklich sind. Leser, die mit dem Marxismus und der Postmoderne vertraut sind, werden die Ähnlichkeiten der CRT mit ihnen bemerkt haben, wobei der Hauptunterschied darin besteht, dass die CRT die Besessenheit der Marxisten von der Klasse durch eine Besessenheit von der Rasse ersetzt und vom „Weißsein" statt von der Bourgeoisie als der unheilvollen Macht spricht, die hinter allen rechtlichen und kulturellen Institutionen lauert. Dies ist kein Zufall, denn Marxisten und Postmodernisten wie Antonio Gramsci bzw. Michel Foucault haben die Entwicklung der CRT maßgeblich beeinflusst.[116]

---

[116] Richard Delgado und Jean Stefancic, *Critical Race Theory: An Introduction*, 3rd ed. (New York: New York University Press, 2017), 5. Für eine nützliche Diskussion über die philosophischen Einflüsse auf die *Critical Race Theory* siehe Helen Pluckrose und James Lindsay, *Cynical Theories: How Activist Scholarship Made Everything about Race, Gender, and Identity and Why This Harms Everybody* (Durham, N.C.: Pitchstone Publishing, 2020). Wie Pluckrose und Lindsay zu Recht anmerken, ist die Beziehung zwischen Marxismus, Postmoderne und Kritischer Rassentheorie komplex, und es gibt wichtige Unterschiede zwischen diesen Denksystemen (zum Beispiel war der Marxismus selbst eine der „Metanormen", die die Postmodernen zu untergraben suchten). Dennoch hatten sowohl postmodernistische als auch marxistische Ideen einen tiefgreifenden Einfluss auf die *Critical Race Theory* (wenn auch in abgewandelter Form), wie CRT-Autoren wie Delgado und Stefancic selbst anerkennen.

Es ist in der Tat keine Übertreibung, zu sagen, dass die CRT im Wesentlichen eine Neuformulierung einiger der Hauptthemen des Marxismus und der Postmoderne in rassischen Begriffen ist. Wo der Marxismus vom Konflikt im Kapitalismus zwischen der unterdrückenden Bourgeoisie und dem unterdrückten Proletariat spricht, spricht die CRT vom Kampf im „systemischen Rassismus" zwischen einem unterdrückenden „Weißen" und unterdrückten „People of Color". Während der Postmodernist alle Normen und Wahrheitsansprüche als kulturell relativ und als Masken für die Interessen der Macht ansieht, identifiziert die CRT diese Macht im Fall der europäischen und amerikanischen Zivilisation insbesondere mit der „weißen Vorherrschaft". Foucaults Theorie, dass bösartige Macht „kapillar" funktioniere und in jeden Winkel der sozialen Ordnung und der individuellen Psyche einsickere, wird von der CRT auf eine Analyse des angeblichen Wirkens der „rassistischen Macht" angewandt. Seine Kritik an der Inhaftierung und Bestrafung von Kriminellen als Maske für die Interessen der bürgerlichen Macht wird von der CRT in eine Kritik des amerikanischen Justizsystems als inhärent rassistisch umgewandelt, ein Instrument, mit dem die Kräfte der weißen Vorherrschaft Nichtweiße auf Linie halten. Gramscis Theorie, dass sich die bürgerliche Macht durch „Hegemonie" über die Institutionen der Zivilgesellschaft (Recht, Bildung, Medien usw.) aufrechterhalte, wird von der CRT auf eine Analyse angewandt, wie all diese Institutionen die Interessen der „weißen Vorherrschaft" widerspiegeln. Seine Strategie, die Hegemonie der Bourgeoisie durch eine Hegemonie marxistischer Intellektueller zu ersetzen, die allmählich die fraglichen Institutionen übernehmen würden, findet ihren Widerhall in der Art und Weise, wie die CRT sich gegenwärtig ihren Weg durch die amerikanische Gesellschaft bahnt, und zwar durch „antirassistische" Politiken, die von Regierungsbehörden, Hochschulverwaltungen, Personalabteilungen von Unternehmen und dergleichen auferlegt werden und die in den Mainstream-Nachrichtenmedien, in der populären Unterhaltung und in Bestseller-Büchern Beifall finden. Das Beharren darauf, dass jeglicher Widerstand gegen die CRT von unbewusstem Rassismus herrühre, der aufgespürt und eingestanden werden müsse, erinnert an die „Kampfsitzungen", mit denen Maoisten im kommunistischen China versuchten, alles „konterrevolutionäre" Denken auszurotten. Die marxistische Vorstellung, dass jeder, der gegen den Kommunismus ist, ein Faschist sein müsse, findet ihr Echo in der Behauptung, dass jeder, der gegen die CRT ist, ein Rassist sein müsse. Die sozialistische Tendenz, alle Ungleichheiten in Bezug auf Reichtum und Macht als inhärent ungerecht zu betrachten, findet ihren Widerhall im Beharren der CRT, dass „Ungleichheiten" notwendigerweise das Ergebnis von Rassismus, Sexismus, Homophobie etc. seien. Und so weiter.

Wie die Postmoderne und der Marxismus ist auch die Kritische Rassentheorie im Grunde eine philosophische Position, auch wenn sie ebenfalls sozialwissenschaftliche Ansprüche erhebt. Eines der auffälligsten Merkmale der Arbeit von CRT-Autoren ist jedoch die extrem schlechte Qualität ihrer Argumentation und Analyse. Da diese Autoren ihre Ideen in der Regel mit einer Selbstverständlichkeit und sogar aggressiven Zuversicht vortragen, ist der unbedarfte Leser leicht zu beeindrucken. Der selbstsichere Stil dieser Schriften fungiert, ob gewollt oder nicht, als rhetorisches Mittel, mit dem die intellektuelle Schwäche kaschiert werden kann.

Das Erste, was dem philosophisch versierten Leser in der Argumentation der Kritischen Rassentheoretiker auffällt, ist die unerbittliche, ja schamlose Begehung einer Vielzahl von logischen Lehrbuchfehlern.[117] Man denke zum Beispiel an DiAngelos Behauptung, dass es selbst rassistisch sei, rassische Ungleichheiten auf andere Ursachen als Rassismus zurückzuführen, und an ihre Ablehnung allen Widerspruchs mit ihrer Analyse als Ausdruck „weißer Zerbrechlichkeit", die dazu dient, den „weißen Vorteil" zu wahren.[118] Behauptungen dieser Art sind Routine in der Rhetorik der CRT. So behauptet Kendi beispielsweise, dass es rassistisch sei, Gruppenunterschiede bei den wirtschaftlichen Ergebnissen auf kulturelle Unterschiede zurückzuführen oder die

---

[117] Zu den Kritikern der CRT, die diesen Punkt darlegen, gehört Jonathan D. Church in *Reinventing Racism: Why "White Fragility" Is the Wrong Way to Think about Racial Inequality* (Lanham: Rowman and Littlefield, 2021), Kap. 7. Abhandlungen über die logischen Irrtümer finden sich in vielen Lehrbüchern über Logik und kritisches Denken. Abhandlungen in Buchlänge finden sich in S. Morris Engel, *With Good Reason: An Introduction to Informal Fallacies*, 3. Aufl. (New York: St. Martin's Press, 1986), und Douglas Walton, *Informal Logic: A Pragmatic Approach*, 2. Aufl. (Cambridge: Cambridge University Press, 2008).

[118] Robin DiAngelo, *White Fragility: Why It's So Hard for White People to Talk about Racism* (Boston: Beacon Press, 2018), 2.

kulturellen Praktiken einer Gruppe als in irgendeiner Weise minderwertig gegenüber denen einer anderen zu beurteilen.[119]
Das Problem mit Bemerkungen wie diesen ist, dass es einfach eine Sache der elementaren Logik ist, dass die Wahrheit einer Behauptung und die Schlüssigkeit eines Arguments völlig unabhängig vom Charakter oder den Interessen der Person, die sie aufstellt bzw. es vorbringt, ihren historischen oder kulturellen Ursprüngen, dem Kontext, in dem sie aufgestellt bzw. es vorgebracht wird, und allen anderen derartigen Überlegungen steht oder fällt. Dies zu ignorieren, bedeutet, sich eines *Fehlschlusses der Relevanz* schuldig zu machen – der Lieblingsfehlschluss von CRT-Autoren ist der *Ad-hominem-Fehlschluss*, der selbst in verschiedenen Formen auftritt. Es gibt zum Beispiel den Ad-hominem-Fehlschluss, der darin besteht, eine Behauptung oder ein Argument einfach aufgrund eines angeblichen Interesses der Person, die sie/es vertritt, abzulehnen. Nehmen wir an, ein Gemüsehändler behauptet, dass der Verzehr von viel Obst und Gemüse viel gesünder sei als der Verzehr von Süßigkeiten, und dass er dafür medizinische Beweise anführt. Würde der Hinweis darauf, dass er davon profitiere, dass man das Obst und Gemüse bei ihm kauft, einen hinreichenden Grund liefern, seine Behauptung oder die von ihm angeführten Beweise zurückzuweisen? Nein, natürlich nicht. Eine Behauptung kann auch dann wahr und die Beweise dafür stichhaltig sein, wenn die Person, die sie aufstellt, in irgendeiner Weise davon profitiert, dass sie wahr ist. Wenn eine weiße Person sozialwissenschaftliche Beweise für die Behauptung vorlegt, dass wirtschaftliche Ungleichheiten zwischen den Rassen mehr mit Faktoren wie Vaterlosigkeit und Bildung als mit Rassismus zu tun haben, ist es irrelevant zu behaupten, dass eine solche Behauptung in irgendeiner Weise den „weißen Vorteil" aufrechterhalte. Die These, dass Vaterlosigkeit und Bildung einen größeren Einfluss auf die wirtschaftlichen Ergebnisse haben als Rassismus, könnte immer noch wahr sein, und die Beweise dafür könnten stark sein, unabhängig davon, wer davon profitiert oder nicht.

Ein verwandter Ad-hominem-Fehlschluss ist in der Logik als „poisoning the well" bekannt. Dabei wird versucht, Menschen dazu zu

[119] Ibram X. Kendi, *How to Be an Antiracist* (New York: One World, 2019), 90 und 153–54.

bringen, das, was eine Person sagt, zu ignorieren, indem man ihren Charakter verunglimpft. Nehmen wir zum Beispiel an, Sie legen Beweise dafür vor, dass eine Änderung der Steuerpolitik zu Wirtschaftswachstum führen könnte. Nehmen wir an, dass Ihre Kritiker daraufhin behaupten, Sie seien geistig unausgeglichen, ein Alkoholiker oder ein Serien-Ehebrecher, und die Leute dazu bringen, Ihnen aus diesen Gründen keine Beachtung zu schenken. Wenn diese Anschuldigungen falsch sind, würde man Ihnen natürlich großes Unrecht tun. Wichtiger für unsere Zwecke ist jedoch, dass sie völlig irrelevant wären, selbst wenn sie wahr wären. Die Behauptung, dass eine Änderung der Steuerpolitik das Wirtschaftswachstum fördern würde, könnte wahr sein und die Argumente dafür könnten stark sein, unabhängig davon, ob die Person, die die Behauptung aufstellt oder die Argumente vorbringt, menschlich unausgeglichen, ein Alkoholiker oder ein Ehebrecher ist oder nicht. Genauso könnten die Einwände, die von den Kritikern gegen CRT vorgebracht werden, gute Einwände sein, selbst wenn sie durch das motiviert wären, was DiAngelo „weiße Fragilität" nennt. Wenn DiAngelo jegliche Kritik abweist, indem sie sie auf diese angebliche psychologische Bedingung zurückführt, begeht sie ein Lehrbuchbeispiel für den Trugschluss, den Brunnen zu vergiften.

Ein weiterer verbreiteter Irrtum über den Fehlschluss der Relevanz ist der *genetische Fehlschluss*, bei dem eine Behauptung oder ein Argument allein aufgrund einiger anrüchiger historischer oder kultureller Assoziationen abgelehnt wird, die sie/es hat oder angeblich hat. Nehmen wir zum Beispiel an, jemand würde alle Beweise dafür, dass Rauchen Lungenkrebs verursacht, mit der Begründung ablehnen, dass einige der frühesten Forschungen über die schädlichen Auswirkungen des Tabakkonsums von Wissenschaftlern in Nazi-Deutschland durchgeführt wurden. Das ist natürlich ein dummer Grund, um die fraglichen Beweise abzulehnen. Eine Behauptung kann wahr und die Beweise dafür überzeugend sein, auch wenn einige böse Menschen sie geglaubt haben. Nehmen wir nun an, ein CRT-Autor lehnt die Behauptung ab, dass einige wirtschaftliche Ungleichheiten zwischen Rassengruppen eher auf kulturelle Unterschiede als auf Rassismus zurückzuführen seien, mit der Begründung, dass Segregationisten in der Vergangenheit auch an kulturelle Unterschiede appelliert haben, um solche wirtschaftlichen Ungleichheiten zu erklären. Auch dies wäre ein genetischer Fehlschluss. Dass unmoralische Menschen wie Segregationisten

die Behauptung glaubten, dass kulturelle Unterschiede wirtschaftliche Ungleichheiten verursachen können, bedeutet nicht, dass die Behauptung falsch ist, und es bedeutet auch nicht, dass jeder, der die Wahrheit dieser Behauptung glaubt, moralisch auf einer Stufe mit Segregationisten steht.
Die gröbste Form des Ad-hominem-Fehlschlusses ist der *beleidigende Ad-hominem-Fehlschluss*, bei dem versucht wird, die Aussagen eines anderen in Misskredit zu bringen, indem man ihn einfach beschimpft oder auf andere Weise beleidigt. Nehmen wir an, ein Politiker plädiert für eine Erhöhung der Kfz-Steuern, um die Instandsetzung von Autobahnen zu finanzieren, und ein Konkurrent entgegnet ihm, indem er ihn wiederholt als „Kommunisten" bezeichnet, um die Öffentlichkeit gegen ihn aufzubringen. Auf diese Weise könnte er die Menschen davon überzeugen, die fragliche Politik nicht zu unterstützen, aber logischerweise hat er absolut nichts getan, um zu zeigen, dass diese Politik in Wirklichkeit nicht gut ist. In ähnlicher Weise ist es eine übliche rhetorische Taktik von CRT-Autoren, Kritiker mit dem Etikett „rassistisch" zu bewerfen. Kendis Buch *How to Be an Antiracist* zum Beispiel besteht größtenteils aus seitenlangen, unverteidigten Behauptungen, dass Ideen und Menschen, die Kendi nicht mag, „rassistisch" seien.

Das generelle Problem mit Ad-hominem-Fehlschlüssen und der Grund, warum sie als relevante Fehlschlüsse eingestuft werden, ist, dass sie einfach das Thema wechseln. Letztlich kommt es darauf an, ob eine Behauptung wahr ist und ob die Argumente dafür stichhaltig sind. Ad hominem-Fehlschlüsse bestehen darin, dass diese Fragen nicht angesprochen werden und stattdessen irrelevante Dinge wie die angeblichen Charaktereigenschaften oder Motive der Personen, die eine Behauptung aufstellen, das kulturelle Gepäck, das damit verbunden ist, usw. im Mittelpunkt stehen. Kritische Rassentheoretiker begehen systematisch solche Fehlschlüsse, indem sie Einwände und Argumentationslinien routinemäßig abtun, indem sie sie als „rassistisch" bezeichnen und behaupten, dass die Einwände die „weiße Fragilität" widerspiegelten, und so weiter.

Eine weitere Gruppe von Irrtümern, die in der Rhetorik der CRT häufig vorkommen, ist der *Trugschluss der Vermutung*. Ein solcher Trugschluss ist bekannt als *„begging the question"* (oder *Zirkelschluss*), wobei für eine Behauptung auf eine Weise argumentiert wird, die die Behauptung einfach voraussetzt, anstatt dass ein unabhängiger Grund für die betreffende Überzeugung angegeben würde. Nehmen wir zum Beispiel an, ich argumentiere, dass Lucy mich niemals anlügen würde, weil sie mich liebt, und dass ich wissen kann, dass sie mich liebt, weil sie es mir gesagt hat und mich niemals anlügen würde. Offensichtlich argumentiere ich hier im Kreis. Ich benutze die Behauptung, dass sie mich liebt, als Beweis dafür, dass sie mich nicht anlügen würde, während ich die Behauptung, dass sie mich nicht anlügen würde, als Beweis dafür benutze, dass sie mich liebt. Ich habe also für keine der beiden Behauptungen einen wirklichen Beweis erbracht, ebenso wenig, wie ich mich an meinen eigenen Stiefelschlaufen hochziehen kann. Kritische Rassentheoretiker begehen einen ähnlichen Trugschluss, wenn sie die CRT unterstützen, indem sie sich auf Prämissen berufen, die niemand akzeptieren würde, der nicht bereits der CRT verpflichtet ist.

DiAngelo gibt dies im Wesentlichen zu, wenn sie schreibt, dass „Whiteness Studies mit der Prämisse beginnen, dass Rassismus und weißes Privileg sowohl in traditionellen als auch in modernen Formen existieren, und dass sie nicht daran arbeiten, ihre Existenz zu beweisen, sondern sie aufzudecken".[120] Wenn solche Autoren zum Beispiel Ungleichheiten, „Mikroaggressionen" und so weiter als Beweis dafür anführen, dass „systemischer Rassismus" und „weißes Privileg" real seien, argumentieren sie im Kreis, denn niemand, der nicht bereits glaubt, dass „systemischer Rassismus" und „weißes Privileg" real sind, würde diese Dinge als Beweis ansehen. Insbesondere würde niemand, der die Welt nicht bereits durch die CRT-Brille betrachtet, der Behauptung zustimmen, dass die Tatsache, dass Schwarze und Hispanoamerikaner in MINT-Fächern unterrepräsentiert sind, an sich schon beweise, dass es in diesen Bereichen eine rassistische Diskriminierung von Schwarzen und Hispanoamerikanern gebe, ebenso wenig wie die Tatsache, dass Asiaten in MINT-Fächern überrepräsentiert sind, beweist, dass es eine rassistische Diskriminierung zugunsten von Asiaten gibt. Menschen, die nicht bereits der CRT verpflichtet sind, würden andere Erklärungen in Betracht ziehen, wie z. B. kulturelle Unterschiede zwischen rassischen und ethnischen Gruppen. Ebenso würde

[120] Robin DiAngelo, "White Fragility" *International Journal of Critical Pedagogy* 3 (2018): 56.

niemand, der die Welt nicht bereits durch die CRT-Brille betrachtet, jeden Zustand oder jede Handlung, die ein Mitglied einer Minderheitengruppe als beleidigend empfinden könnte, als rassistische „Mikroaggression“ interpretieren.

Kritische Rassentheoretiker lesen aus solchen Ungerechtigkeiten, Vergehen usw. nur deshalb Beweise für Rassismus heraus, weil sie zuerst Rassismus in sie hineinlesen. Sie stellen sich die Frage einfach nicht.

Ein weiterer Trugschluss der Vermutung, der den Kern der Kritischen Rassentheorie betrifft, ist der Trugschluss des *speziellen Plädoyers*, der die Anwendung eines willkürlichen oder ungerechtfertigten doppelten Standards beinhaltet. Nehmen wir zum Beispiel an, dass ich bei der Kritik an einem Politiker, den ich nicht mag, argumentiere, dass niemandem, der wie dieser Politiker seiner Frau untreu war, jemals ein öffentliches Amt anvertraut werden sollte. Nehmen wir aber auch an, dass ich die Wahl eines anderen Ehebrechers befürworte und dies damit begründe, dass man über seine Untreue hinwegsehen könne, da er die richtige Politik verfolge. Dann mache ich mich natürlich der Inkonsequenz schuldig. Um konsequent zu sein, müsste ich entweder an meiner ursprünglichen Behauptung festhalten, dass Ehebrecher niemals ein Amt bekleiden sollten, und deshalb aufhören, den zweiten Kandidaten zu unterstützen, oder, wenn ich darauf bestehen würde, den zweiten Kandidaten weiterhin zu unterstützen, den Einwand aufgeben, den ich ursprünglich gegen den ersten Kandidaten gerichtet hatte. Was ich vernünftigerweise nicht tun kann, ist, ein allgemeines Prinzip zu behaupten, von dem ich eine willkürliche Ausnahme mache, nur weil es meinen Interessen dient.

Die Kritische Rassentheorie stützt sich auf mehrere Instanzen des Trugschlusses der besonderen Argumentation. Zum Beispiel wenden CRT-Autoren unter dem Einfluss von Postmodernisten wie Foucault und Marxisten wie Gramsci routinemäßig eine „Hermeneutik des Verdachts“ an, mit der sie behaupten, dass sie alle Institutionen, kulturellen Annahmen, philosophischen Positionen usw. als die Instrumente demaskieren, mit denen Gruppen ihre Macht erhalten. Kennzeichnend für ihre Analyse ist die Betonung der Rasse (und nicht etwa der Klasse) als bestimmend für diese Gruppen. Objektivität und

Rassenneutralität seien Illusionen, behaupten die CRT-Autoren. Was wir als wahr oder gut ansehen, spiegele die rassische Brille wider, durch die wir die Welt betrachten, und nicht die Welt selbst.

Das Problem ist, dass, wenn Kritische Rassentheoretiker dies konsequent verfolgen würden, sie anerkennen müssten, dass die CRT selbst nicht die objektive Realität widerspiegelt, sondern lediglich die Perspektive und die Interessen der CRT-Autoren und derjenigen, für die sie zu sprechen behaupten. Kritische Rassentheoretiker würden behaupten, dass sich ihre Position insofern von anderen unterscheide, als sie im Gegensatz zu den Institutionen und Ideen, die den „systemischen Rassismus" und die „weiße Vorherrschaft" aufrechterhielten, nicht die Interessen der Mächtigen widerspiegele. Aber warum sollen wir das glauben? Friedrich Nietzsche, einer der Väter der „Hermeneutik des Verdachts" und die Quelle von Foucaults Ideen, argumentierte schließlich, dass alle Denksysteme nichts anderes widerspiegeln als den „Willen zur Macht" derjenigen, die sie aufrechterhalten, einschließlich derjenigen, die behaupten, die Machtlosen zu begünstigen. Insbesondere vertrat Nietzsche die Ansicht, dass egalitäre moralische und politische Doktrinen wie der Sozialismus nichts anderes seien als Instrumente, mit denen die Schwachen versuchten, den Spieß gegen die Starken umzudrehen – von denen sie wissen, dass sie ihnen überlegen sind, und die sie beneiden und verachten – Instrumente, mit denen sie sich so an den Starken rächen wollen. Solche Doktrinen haben nicht mehr objektive Gültigkeit als nichtegalitäre Ansichten. Warum sollte man nicht dasselbe von der Kritischen Rassentheorie selbst sagen? Warum sollte man sie nicht auch als eine weitere Maske für den „Willen zur Macht" betrachten, die von denjenigen getragen wird, die die Weißen beneiden und ihnen ihre Stellung übelnehmen – eine Theorie, die daher nicht mehr objektive Gültigkeit oder Anspruch auf Wahrheit hat als die Ansichten, die die CRT kritisiert?

Es geht nicht darum, Nietzsches Analyse zu billigen, sondern vielmehr darum, festzustellen, dass das Schwert der „Hermeneutik des Verdachts" in beide Richtungen schneidet und unweigerlich die Person aufspießt, die es schwingt, nicht weniger als sein Ziel. Einige CRT-Autoren, wie z. B. Crenshaw, sehen das Problem und warnen daher davor, sich einen durch und durch postmodernen Relativismus zu eigen zu machen. Aber sie hat keinen prinzipiellen Grund dafür, sondern gibt lediglich zu bedenken, dass es „politisch ermächtigender“ sei, zumindest einige Beschreibungen sozialer Phänomene für objektiv wahr zu halten, wenn dies die CRT-Analyse begünstige.[121] Tatsächlich löst dies das Problem überhaupt nicht, sondern verschärft es vielmehr, weil sie damit implizit zugibt, dass es genau das Verlangen nach Macht und nicht die Sorge um objektive Wahrheit ist, die ihre Position motiviert.

Kritische Rassentheoretiker können logischerweise nicht beides haben. Wenn sie darauf bestehen, dass alle Denksysteme nur die Interessen rassischer Gruppen widerspiegeln und keine objektive Gültigkeit haben, dann untergräbt dies ihre eigene Position nicht weniger als jede andere. Wenn sie stattdessen anerkennen, dass es möglich ist, über die Perspektive der eigenen rassischen Gruppe hinauszugehen und zu einer objektiven Wahrheit zu gelangen, dann gilt dies für Kritiker der CRT genauso wie für CRT-Autoren – in diesem Fall können CRT-Autoren konkurrierende Ansichten nicht einfach mit der Begründung ablehnen, dass sie angeblich nur die Perspektive der Weißen und nicht die objektive Realität widerspiegeln.

Eine andere Art und Weise, in der die Kritischen Rassentheoretiker den Trugschluss des „besonderen Argumentation“ begehen, betrifft ihre Interpretation der rassischen Ungleichheiten. Man denke an die Tatsache, dass „Schwarze 13 Prozent der [US-]Bevölkerung ausmachen, aber 80 Prozent der professionellen Basketballspieler und 65 Prozent der professionellen Fußballspieler stellen und zu den bestbezahlten Spielern in beiden Sportarten gehören“.[122] Man bedenke die Tatsache, dass „Asiaten in allen MINT-Berufsgruppen überrepräsentiert sind, mit überdurchschnittlich hohen Anteilen bei Computerarbeitern und Biowissenschaftlern, die 19 % der Arbeitnehmer in diesen beiden Bereichen ausmachen, was viel höher ist als ihr Anteil in den

[121] Kimberlé Williams Crenshaw, "Mapping the Margins: Intersectionality, Identity Politics, and Violence against Women of Color", in: Crenshaw et al. (Hrsg.), *Critical Race Theory: The Key Writings That Formed the Movement* (New York: The New Press, 1996), 376.
[122] Walter E. Williams, “Do Statistical Disparities Mean Injustice?”, Investor’s Business Daily, September 24, 2014, https://www.investors.com/politics/commentary/ometimes-our-differences-dont-indicate-victimhood/.

Arbeitskräften insgesamt (6 %).[123] Betrachten wir die Tatsache, dass in den Vereinigten Staaten „Männer in Gefängnissen und Haftanstalten überrepräsentiert sind“, denn obwohl sie nur knapp die Hälfte der Bevölkerung ausmachen, sind „zweiundneunzig Prozent der in Bundes- und Staatsgefängnissen Inhaftierten Männer“.[124] Bedeuten die ersten beiden dieser „Ungerechtigkeiten“, dass es eine rassistische Diskriminierung von Nichtschwarzen und Nichtasiaten gibt? Bedeutet die dritte, dass es eine sexistische Diskriminierung von Männern gibt? Natürlich nicht, und niemand zieht solche Schlussfolgerungen. Aber das sind die Schlussfolgerungen, die man ziehen müsste, wenn man das CRT-Kriterium der „Ungerechtigkeit“ konsequent anwendet; denn wenn Weiße in irgendeinem Bereich überrepräsentiert sind, bestehen CRT-Autoren darauf, dass dies auf rassistische Diskriminierung oder eine verwandte Form von systemischer Ungerechtigkeit zurückzuführen sein müsse. Auch hier können sie nicht beides haben. Wenn sie darauf bestehen, dass Ungleichheiten in dem einen Fall zwangsläufig Ungerechtigkeit bedeuten, dann müssen sie zu dem Schluss kommen, dass sie auch in den anderen Fällen Ungerechtigkeit bedeuten. Wenn sie vernünftigerweise anerkennen, dass Ungleichheiten nicht immer das Ergebnis von Rassendiskriminierung oder anderen Ungerechtigkeiten sind, dann müssen sie die Behauptung aufgeben, dass die Unterrepräsentation von Schwarzen und Hispanics in einem Bereich oder die Überrepräsentation von Weißen in einem Bereich notwendigerweise „systemischen Rassismus“ oder Ähnliches nach sich ziehe.

Ein dritter Fall von „special pleading“ hat mit Verallgemeinerungen über rassische Gruppen und ihre Verhaltensweisen und kulturellen Praktiken zu tun. Wie wir gesehen haben, werden Autoren wie Di Angelo und Kendi es als rassistisch abtun, wenn jemand die These aufstellt, dass die wirtschaftlichen Unterschiede zwischen den Rassen zum Teil durch kulturelle und Verhaltensunterschiede erklärt werden können, wie z. B. den höheren Wert, der bei einigen Rassengruppen auf Bildung gelegt wird, und die höhere Rate der Vaterlosigkeit bei

---

[123] Cary Funk und Kim Parker, Women and Men in STEM Often at Odds Over Workplace Equity, *Pew Research Center Report* (9. Januar 2018), 35.

[124] Rose Heyer und Peter Wagner, "Too Big to Ignore: How Counting People in Prisons Distorted Census 2000", *Prison Policy Initiative*, April 2004, https://www.prisonersofthecensus.org/toobig/.

anderen. „Wenn wir eine Gruppe rassifizieren und dann die Kultur dieser Gruppe als minderwertig darstellen“, sagt Kendi, „dann artikulieren wir kulturellen Rassismus.“[125] Doch genau das tun CRT-Autoren, wenn sie negative allgemeine Charakterisierungen über Weiße und ihre Kultur vornehmen – dass es so etwas wie „weißes Bewusstsein“ gebe, dass dieses durch „Anti-Schwarzsein“ definiert sei, dass „weiße Identität von Natur aus rassistisch“ sei, dass „weiße Fragilität“ ein Abwehrmechanismus sei, zu dem alle Weißen neigten, und so weiter (um frühere Beispiele zu nennen). Wieder einmal versuchen die CRT-Autoren in unlogischer Weise, beides zu haben. Aber wenn sie konsequent wären, dann müssten sie entweder ihre negativen allgemeinen Charakterisierungen der weißen Kultur aufgeben; oder sie müssten, wenn sie darauf bestehen, dass einige negative allgemeine Charakterisierungen der weißen Kultur wahr seien, zugeben, dass einige negative allgemeine Charakterisierungen der Kulturen anderer Rassengruppen ebenfalls wahr sein könnten.

Es gibt noch weitere elementare logische Irrtümer, die für die Argumentation der Kritischen Rassentheoretiker von zentraler Bedeutung sind. Nehmen wir den *Trugschluss der Hypostasierung*, bei dem von einer Abstraktion gesprochen wird, als wäre sie eine konkrete Realität. Nehmen wir an, ich beschwere mich darüber, dass das Wirtschaftssystem Leute, die populäre Kriminalromane schreiben, ungerechterweise belohnt und Leute wie mich, die akademische Philosophiebücher schreiben, die sich nicht annähernd so gut verkaufen, ungerechterweise bestraft. Das hört sich so an, als gäbe es eine konkrete Instanz, „das Wirtschaftssystem“, die irgendwie dafür sorgte, dass die Dinge so laufen, und der man deshalb die Schuld dafür geben könnte. Aber das ist natürlich nicht der Fall. In Wirklichkeit gibt es einfach viel mehr Menschen, die Krimis mögen, als Menschen, die philosophische Bücher lesen wollen, und der geringere Verdienst der Autoren der letzteren ist eine Folge davon. Abstrakte Begriffe wie „das Wirtschaftssystem“ so zu behandeln, als wären sie konkrete Entitäten, vereinfacht diese komplexe Realität zu sehr und lässt es so aussehen, als gäbe es ein Handeln und eine Schuld, wo es beides nicht gibt.

---

[125] Kendi, *How to Be an Antiracist*, 90; vgl. 153.

Aber das ist genau die Art von Irrtum, den CRT-Autoren begehen, wenn sie reflexartig alle wirtschaftlichen Ungleichheiten zwischen den Rassen auf Abstraktionen wie „systemischen Rassismus“ und „weiße Vorherrschaft“ zurückführen; denn sie schließen dogmatisch sogar die Möglichkeit aus, dass einige dieser Ungleichheiten eher auf kulturelle und verhaltensbedingte Unterschiede zwischen rassischen Gruppen zurückzuführen sein könnten, indem sie „systemischen Rassismus“ und „weiße Vorherrschaft“ verantwortlich machen, selbst wenn sie keine spezifischen rassistischen Personen, Handlungen oder Institutionen als Ursache für die Ungleichheiten ausmachen können. Auf diese Weise behandeln sie diese abstrakten Begriffe so, als ob es sich um konkrete Entitäten handelte, die für die Ungleichheiten verantwortlich gemacht werden könnten.

Damit verbunden ist ein weiterer grundlegender logischer Fehler, der *Trugschluss der Division*. Dabei wird das, was für ein Ganzes gilt, auf jeden seiner Teile übertragen. Zum Beispiel würde man sich dieses Fehlschlusses schuldig machen, wenn man aus der Prämisse, dass Hunde dazu neigen, anhänglicher zu sein als Katzen, die Schlussfolgerung zöge, dass jeder einzelne Hund anhänglicher sei als jede einzelne Katze; denn was für Hunde als Klasse gilt, muss nicht unbedingt für jeden einzelnen Hund gelten. CRT-Autoren begehen diesen Trugschluss, wenn sie aus einer Prämisse, die besagt, dass Weiße als Gruppe ein „weißes Privileg“ genießen und eine „weiße Fragilität“ aufweisen, die Schlussfolgerung ziehen, dass diese oder jene weiße Person ein „weißes Privileg“ genieße oder eine „weiße Zerbrechlichkeit“ aufweise. Selbst wenn die Prämisse wahr wäre (wofür die CRT uns keinen guten Grund gibt), würde die Schlussfolgerung in der Tat nicht daraus hervorgehen.

Schließlich gibt es noch den *Trugschluss des Subjektivismus*, der die Stärke der eigenen Überzeugung oder des eigenen Wunsches, dass etwas wahr sei, so behandelt, als ob es tatsächlich eine bewiesene Wahrheit wäre. Nehmen wir zum Beispiel an, jemand glaubt, dass Außerirdische existieren, und zwar aus keinem anderen Grund als dem, dass er die Vorstellung von Außerirdischen äußerst faszinierend findet und sich wünscht, dass es so etwas gibt. Oder stellen Sie sich jemanden vor, der einen bestimmten Kollegen zutiefst verabscheut und, als er eines Tages sein eigenes Portemonnaie vermisst, beschließt, dass dieser Kollege es gestohlen haben müsse, einfach weil er im Allgemeinen ein so unsympathischer Mensch sei. In beiden Fällen würden die eigenen Gefühle das eigene Urteilsvermögen vernebeln und dazu führen, dass man übermäßig zuversichtlich zu Schlussfolgerungen gelangt, für die es keine ausreichenden Beweise gibt.

Die Kritische Rassentheorie fördert genau diese Art von Irrtum insofern, als eines ihrer Hauptthemen der Einsatz des „Geschichtenerzählens", von „Narrativen" und „Erfahrungen" im Kontrast zu nüchterner logischer Argumentation ist, wenn CRT-Analysen sozialer Probleme verteidigt werden.[126] Nun, was Geschichten oder Erzählungen mächtig und Erfahrungen einprägsam macht, sind die Emotionen, die sie erzeugen. Die Betonung von Geschichten, Narrativen und Erfahrungen gegenüber dem logischen Denken stellt daher sicher, dass Emotionen einen größeren Einfluss auf die Bildung der eigenen Überzeugungen haben als der Verstand. Dies wird durch die Behauptung der CRT noch verschärft, dass der Rassismus tief in allen Weißen stecke, selbst in denen, die aufrichtig behaupten, nicht rassistisch zu sein und sich nichts zuschulden kommen zu lassen oder offen rassistisches Verhalten gezeigt zu haben, und dass dieser angebliche Rassismus alle Ungleichheiten erklärt, auch solche, die nicht auf eine bestimmte diskriminierende Maßnahme oder Politik zurückgeführt werden können. Auf diese Weise entbehren Rassismusvorwürfe jeglicher objektiven Beweise. Anschuldigungen des „systemischen Rassismus", der „Mikroaggressionen", der „impliziten Voreingenommenheit" und dergleichen werden unweigerlich auf den subjektiven Gefühlen desjenigen beruhen, der die Anschuldigungen erhebt – Gefühlen, deren Intensität weniger auf die tatsächlichen Fakten als auf die paranoide Weltsicht der CRT im Kopf des Anklägers zurückzuführen ist.

Es ist keine Übertreibung zu sagen, dass, wenn man alle elementaren logischen Irrtümer aus den Büchern von Autoren wie Kendi und DiAngelo entfernen würde, kaum eine Argumentation übrig bliebe, die ihre Behauptungen stützen würde. Und mit der Begehung der erörterten Trugschlüsse sind die grundlegenden logischen Fehler, derer die Autoren sich schuldig gemacht haben, keineswegs erschöpft.

[126] Siehe Delgado und Stefancic, *Critical Race Theory*, Kap. 3.3.

Logikstudenten lernen, dass intellektuelle Redlichkeit bei der Bewertung der Argumente eines Gegners die Anwendung des „Prinzips der Nächstenliebe“ erfordert, das uns auffordert, die stärksten Versionen dieser Argumente zu berücksichtigen. CRT-Autoren missachten dieses Prinzip routinemäßig, indem sie Gegenargumente beiläufig als rassistisch, als Ausdruck „weißer Fragilität“ usw. abtun, anstatt ernsthaft die Möglichkeit in Betracht zu ziehen, dass an ihnen etwas richtig sein könnte.

In den Lehrbüchern der Logik wird darauf hingewiesen, dass ein elementarer Punkt einer soliden Methodik darin besteht, die Begriffe, die wir in einem Argument verwenden, sorgfältig zu definieren. Dies erfordert unter anderem, zirkuläre Definitionen, d. h. Definitionen, die den zu definierenden Begriff im Zuge seiner Definition verwenden, zu vermeiden. Wenn zum Beispiel ein politischer Philosoph immer wieder von „Freiheit“ spricht und man ihn bittet, genau zu erklären, was er damit meint, wäre es kaum eine hilfreiche Antwort, wenn er sagte: „Freiheit ist ein Zustand, in dem Menschen frei sind.“ Kendi erweist sich als unfähig, selbst dieses offensichtliche methodische Prinzip zu begreifen. Zum Beispiel definiert er einen „Rassisten“ als „jemand[en], der durch sein [sic] Handeln oder Nichthandeln eine rassistische Politik unterstützt oder eine rassistische Idee äußert“.[127] „Rassismus“, so sagt er uns, „ist eine Verbindung von rassistischer Politik und rassistischen Ideen, die rassische Ungleichheiten hervorbringt und normalisiert.“[128] Ein „Antirassist“, so informiert er uns nicht weniger hilfreich, ist „jemand, der eine antirassistische Politik durch sein [sic] Handeln unterstützt oder eine antirassistische Idee zum Ausdruck bringt“.[129] Wenn er dann erklärt, was er mit „Rassenungerechtigkeit“ meint, erklärt er uns, dass es sich um „eine Situation handelt, in der zwei oder mehr Rassengruppen nicht annähernd gleichberechtigt sind“, und er nennt als Beispiel die Statistik, dass „71 Prozent der weißen Familien 2014 in Eigenheimen lebten, verglichen mit 45 Prozent der lateinamerikanischen [sic] Familien und 41 Prozent der schwarzen Familien“.[130] Wenn man diese Behauptungen zusammennimmt, ergibt sich daraus, dass Kendi einfach *voraussetzt*, dass jede

[127] Kendi, *How to Be an Antiracist,* 13.

[128] Ebd., 17–18.

[129] Ebd., 13.

[130] Ebd., 18.

Ungleichheit, wie die von ihm angeführten, „rassistisch“ ist. Dies hat zur Folge, dass seine Definitionen gegen zwei andere methodologische Standardprinzipien verstoßen. Zum einen sollte eine gute Definition nicht den Fehler des „question begging“ begehen, indem man einfach eine Behauptung *annimmt* (im Gegensatz zu einem Argument für diese Behauptung), die zwischen einem selbst und seinem Gegner strittig ist. Angenommen, ich versuche, einen Skeptiker davon zu überzeugen, dass ich einen Ferrari besitze, indem ich einen „Ferrari“ als „Toyota Corolla“ definiere und dann darauf hinweise, dass ich einen Toyota Corolla besitze. Das würde ihn natürlich nicht überzeugen, da er dieser exzentrischen Definition wahrscheinlich nicht zustimmen wird. In ähnlicher Weise kann Kendi „beweisen“, dass alle Ungleichheiten rassistisch sind, indem er „Rassismus“ auf eine Weise definiert, die dies impliziert. Aber niemand, der nicht bereits mit ihm übereinstimmt, würde eine solche Definition akzeptieren.

Zum anderen sollte eine gute Definition nicht zu weit gefasst sein, in dem Sinne, dass sie auch Dinge in den Definitionsbereich einschließt, die dort nicht hingehören. Wenn ich zum Beispiel ein „Auto“ als „Straßenfahrzeug mit Motorantrieb“ definieren würde, wäre diese Definition zu weit gefasst, da sie Motorräder einschließen würde, die keine Autos sind, obwohl sie Straßenfahrzeuge mit Motorantrieb sind. Ebenso würde die Tatsache, dass Schwarze in Sportarten wie Basketball überrepräsentiert sind, angesichts der Art und Weise, wie Kendi seine Begriffe definiert, als rassistisch gelten. Aber Kendi selbst würde das zu Recht nicht sagen wollen. Daher ist seine Definition selbst für seine Verhältnisse zu weit gefasst.

Mit diesen Problemen ist ein weiterer grundlegender methodischer Fehler der *Critical Race Theory* verbunden. Wissenschaftsphilosophen sind sich einig, dass eine empirische Behauptung empirisch überprüfbar sein muss. Empirische Behauptungen sind zu unterscheiden von Behauptungen aus Bereichen wie der Mathematik und der Metaphysik, die nicht empirisch überprüfbar sein müssen (auch wenn es natürlich eine andere Möglichkeit geben sollte, sie rational zu bewerten). Die arithmetische Behauptung, dass 2 + 2 = 4 ist, lässt sich nicht durch Beobachtung oder Experiment überprüfen, genauso wenig wie eine metaphysische Behauptung wie die These, dass es immaterielle Wesenheiten (wie Engel oder Seelen) gibt; denn Zahlen und immaterielle Wesenheiten sind nicht die Art von Dingen, die man sehen, hören, schmecken, berühren oder riechen kann, so dass wir, wenn wir wissen wollen, ob sie existieren, auf andere Methoden angewiesen sind.[131]

Aber denken Sie an Behauptungen wie: *Es gibt 350.000 Käferarten, Rauchen verursacht Lungenkrebs, es gibt Planeten, die um Alpha Centauri kreisen, der Börsenkrach von 1929 löste die Weltwirtschaftskrise aus, Gewalt im Fernsehen erhöht die Prävalenz von gewalttätigem Verhalten unter Jugendlichen* und ähnliche. Dies sind empirische Behauptungen, d. h. Behauptungen über die beobachtbare Welt. Um festzustellen, ob sie wahr sind, müssen wir uns also auf Beobachtungen stützen. Insbesondere müssen wir in der Lage sein, aus solchen Behauptungen Vorhersagen abzuleiten und dann einen Beobachtungs- oder Experimentaltest zu entwickeln, um zu sehen, ob die Vorhersagen eintreffen. Die Behauptung, dass Gewalt im Fernsehen die Prävalenz von gewalttätigem Verhalten unter Jugendlichen erhöht, bedeutet zum Beispiel, dass wir, wenn wir Gruppen von Kindern, die viele gewalttätige Fernsehsendungen sehen, mit Gruppen von Kindern vergleichen, die dies nicht tun, feststellen werden, dass erstere häufiger gewalttätiges Verhalten an den Tag legen. Wenn diese Vorhersage falsifiziert wird, haben wir Grund, die Behauptung als falsch zu beurteilen.

Seitdem der Wissenschaftsphilosoph Karl Popper im 20. Jahrhundert auf diese Art von Falsifizierbarkeit aufmerksam gemacht hat, gilt sie als ein Kennzeichen seriöser Wissenschaft (auch wenn die meisten zeitgenössischen Wissenschaftsphilosophen nicht alles gutheißen würden, was Popper dazu gesagt hat). Natürlich geht es nicht darum, dass eine seriöse wissenschaftliche Theorie in der Tat als falsch erwiesen werden sollte. Der Gedanke ist vielmehr, dass sie sich der

---

[131] Welche Methoden könnten das sein? Das ist eine gute, aber umstrittene Frage, auf die wir hier nicht eingehen müssen. Zur Diskussion dieses Themas siehe das Prolegomenon meines Buches *Scholastic Metaphysics: A Contemporary Introduction* (Heusenstamm: Editiones Scholasticae, 2014). Einige Leser mögen sich über meine Behauptung, dass wir Zahlen nicht wahrnehmen können, wundern. Können wir Zahlen wie zwei und vier nicht direkt auf der Seite sehen? Nein, das können wir nicht. Was wir auf der Seite sehen, sind Ziffern, die für Zahlen stehen, aber nicht dasselbe sind wie Zahlen. Zum Beispiel ist die Ziffer „2“ genauso wenig mit der Zahl zwei identisch wie die römische Ziffer „II“.

Falsifikation in dem Sinne öffnen soll, dass sie spezifische Vorhersagen macht, die getestet werden können (wobei sie, wenn alles gut geht, den Test besteht und nicht als falsch erwiesen wird). Popper argumentierte, dass Glaubenssysteme wie die Astrologie, die Freud'sche Psychologie und der Marxismus nicht wirklich wissenschaftlich sind, vor allem weil sie sich nicht falsifizieren lassen.[132] So sind beispielsweise die Vorhersagen von Astrologen in der Regel so vage, dass sie durch nichts falsifiziert werden können. Nehmen wir an, ein Astrologe sagt Ihnen, dass Ihnen im nächsten Jahr etwas Wichtiges zustoßen werde. Fast jedem wird in einem bestimmten Jahr etwas passieren, das man als wichtig bezeichnen könnte; daher ist diese Vorhersage kaum beeindruckend. Oder bedenken Sie, dass es schwer vorstellbar ist, was Freuds Theorie widerlegen könnte, dass ein Großteil unseres Verhaltens durch unterdrückte Wünsche bestimmt wird. Wenn eine Person leugnet, dass sie solche Wünsche hat, wird die Leugnung selbst als Beweis dafür angesehen, dass sie sie hat! Die marxistische Vorhersage, dass der Kapitalismus unweigerlich dem Kommunismus weichen wird, ist so ergebnisoffen, dass der Marxist sagen kann, dass die vorhergesagte Revolution immer noch um die Ecke lauere, egal wie lange der Kapitalismus andauere. Auch gilt alles, was in der kapitalistischen Gesellschaft geschieht, nicht einmal als unwahrscheinlich im Hinblick auf die These. Wenn sich die Lage der Arbeiterklasse verschlechtert, wird der Marxist sagen, dass dies eine Folge der kapitalistischen Ausbeutung sei und schließlich eine Revolution auslösen werde. Verbessert sich jedoch die Lage der Arbeiterklasse aufgrund von Sozialmaßnahmen, wird der Marxist sagen, dass solche Maßnahmen eine List seien, mit der die Kapitalistenklasse ihre Macht vorübergehend ausdehne und die unvermeidliche Revolution höchstens hinauszögern könne.

Die zentralen Behauptungen der Kritischen Rassentheorie sind ebenso wenig falsifizierbar und daher auch nicht überprüfbar wie die Behauptungen dieser anderen Glaubenssysteme. Autoren wie Kendi und DiAngelo behaupten, dass Rassismus in jeder weißen Person lauere,

[132] Vgl. Karl R. Popper, "Science: Conjectures and Refutations", in: Popper's *Conjectures and Refutations: The Growth of Scientific Knowledge* (New York: Harper and Row, 1968).

selbst in denen, die kein offen rassistisches Verhalten an den Tag legen und die sich aufrichtig als Gegner des Rassismus betrachten. Ihre Leugnung, Rassisten zu sein, wird nur als Bestätigung dafür genommen, dass sie Rassisten seien, wobei die Leugnung für Kendi „der Herzschlag des Rassismus" und für DiAngelo eine Manifestation „weißer Fragilität" ist. Bell behauptet, dass selbst Rechtsreformen, die gewöhnlich als große Fortschritte im Kampf gegen den Rassismus angeführt werden, in Wirklichkeit nur dazu dienten, den Rassismus aufrechtzuerhalten. Bell und CRT-Autoren sind auch der Meinung, dass Farbenblindheit und Rassenneutralität, die traditionell als Ausdruck des Widerstands gegen Rassismus gelten, in Wirklichkeit ebenfalls rassistisch seien. Auf diese Weise werden alle offensichtlichen Beweise dafür, dass der Rassismus in den letzten Jahrzehnten massiv abgenommen hat, einfach weggezaubert.

Gleichzeitig sagt Freeman, dass selbst die Annäherung an die Frage der Ungleichheiten durch den Versuch, bestimmte Personen oder Handlungen zu identifizieren, die dafür verantwortlich sein könnten, die Perspektive der „Täter" des Rassismus widerspiegele. In ähnlicher Weise hält Crenshaw die Frage für irrelevant, ob Ungleichheiten absichtlich erzeugt wurden. Daher wird auch die Unfähigkeit der CRT-Autoren, die These zu beweisen, dass alle Ungleichheiten das Ergebnis von Rassismus seien, wegerklärt. Rassismus wird von CRT-Autoren stattdessen einfach so definiert, dass Ungleichheiten das Ergebnis von Rassismus sind, und selbst der Vorschlag, dass es eine alternative Erklärung geben könne, wird a priori als rassistisch abgetan – obwohl dies nur in Fällen zutrifft, in denen es Weiße sind, die bessergestellt sind. Im Falle von Ungleichheiten, bei denen Schwarze, Asiaten oder andere Nichtweiße bessergestellt sind als Weiße, schreiben CRT-Autoren das Ergebnis nicht dem Rassismus zu.

So wird das Spiel in der Weise manipuliert, dass alles Mögliche als Beweis für die CRT interpretiert werden kann und nichts dagegen zählen darf. „Kopf, CRT gewinnt; Zahl, Kritik der CRT verliert." Die Kritische Rassentheorie wird dadurch unwiderlegbar gemacht, aber aus diesem Grund auch unbeweisbar; denn da sie keine überprüfbaren Vorhersagen macht, kann sie keinen Beweistest bestehen. Gleichzeitig erweckt sie durch ihr ideologisches Stapeln der Karten den falschen *Anschein*, Beweise zu ihren Gunsten zu haben. Psychologen und andere

Sozialwissenschaftler haben dieses Phänomen als "Confirmation Bias" bezeichnet – als die Neigung, nach Beweisen zu suchen, die die eigenen bereits bestehenden Überzeugungen zu bestätigen scheinen, potenzielle Quellen von Beweisen, die dagegen sprechen, zu ignorieren und alle zweideutigen Beweise zu seinen Gunsten zu interpretieren. Die CRT trainiert ihre Adepten im Wesentlichen nicht darin, Bestätigungsfehler zu vermeiden, sondern gerade darin, sie in großem Umfang zu nutzen.

6

Sozialwissenschaftliche Einwände gegen die Kritische Rassentheorie

Vom Standpunkt der allgemeinen Methodologie aus betrachtet, ist die Kritische Rassentheorie also schlichtweg eine miserable Sozialwissenschaft. Dieses Urteil wird noch verstärkt, wenn wir betrachten, was die empirischen Beweise, die ohne die ideologische CRT-Brille betrachtet werden, tatsächlich in Bezug einige ihrer spezifischen Behauptungen aufzeigen. Wiederum behandeln CRT-Autoren routinemäßig ökologische und andere Ungleichheiten, als ob sie keine andere Erklärung als Rassismus haben könnten, und sie behandeln solche Ungleichheiten und die Diskriminierung und andere Ungerechtigkeiten, die angeblich ihre Ursache sind, als ob sie im Wesentlichen mit „weißer Vorherrschaft" gleichzusetzen wären. Doch wie der Wirtschaftswissenschaftler Thomas Sowell gezeigt hat, hält nichts davon einer genaueren Prüfung stand.[133]

So wird beispielsweise in den Vereinigten Staaten häufig darauf hingewiesen, dass Weiße bei Arbeitsplätzen, Einkommen, Hypothekenbewilligungsquoten, Kreditwürdigkeit usw. besser abschneiden als Schwarze. Dies wird dann auf Rassendiskriminierung zurückgeführt. Dieselben Statistiken zeigen jedoch, dass asiatische Amerikaner besser abschneiden als Weiße und dass Banken, die sich in schwarzem Besitz befinden, schwarze Hypothekenbewerber häufiger ablehnen als Banken, die sich in weißem Besitz befinden.[134] Diese Tatsachen werden

---

[133] Siehe Thomas Sowell, *Intellectuals and Race* (New York: Basic Books, 2013), insbesondere Kap. 2. Sowell behandelt diese Themen ausführlicher in *Discrimination and Disparities*, rev. ed. (New York: Basic Books, 2019).

[134] Sowell, *Intellectuals and Race*, 4–5.

jedoch nicht auf Rassendiskriminierung zurückgeführt und sprechen gegen die These von der „weißen Vorherrschaft". Wenn das Wirtschaftssystem so manipuliert wurde, dass es die Weißen begünstigt, warum sollten dann asiatische Amerikaner besser abschneiden als Weiße? Wenn der antischwarze Rassismus der Grund für die wirtschaftlichen Unterschiede zwischen Weißen und Schwarzen wäre, warum würden dann Banken, die sich in schwarzem Besitz befinden, noch häufiger schwarze Bewerber ablehnen als Banken, die sich in weißem Besitz befinden? (Kritische Rassentheoretiker würden zweifellos versuchen, Letzteres zu erklären, indem sie behaupten, dass Schwarze einen selbstzerstörerischen antischwarzen Animus aus der sie umgebenden weißen beherrschenden Kultur übernommen haben. Das Problem ist jedoch, dass es für diese Behauptung keine Beweise gibt; sie ist einfach eine Ad-hoc-Hypothese, die die CRT vor der Widerlegung durch die tatsächlichen empirischen Beweise retten soll.)

Die Kritische Rassentheorie geht davon aus, dass es der Standard der Menschheit ist, dass alle rassischen und ethnischen Gruppen in wirtschaftlicher Hinsicht gleichberechtigt sein werden. Wohlstand, paritätische Vertretung in allen Bereichen und so weiter sollen selbstverständlich sein, ebenso selbstverständlich wie die Prämisse, dass dort, wo es Ungleichheiten gibt, diese darauf zurückzuführen sein müssen, dass eine rassische Diskriminierung Gruppen daran gehindert hat, diese Gleichheit zu erreichen. Doch wie Sowell zeigt, sprechen die tatsächlichen Belege der menschlichen Geschichte massiv gegen beide Annahmen. Zum einen haben nur wenige Gesellschaften in der Geschichte jemals auch nur annähernd eine proportionale Repräsentation oder wirtschaftliche Gleichheit zwischen den Gruppen erreicht.[135] Welche tatsächlichen Beweise gibt es also für die Annahme, dass eine proportionale Vertretung und wirtschaftliche Parität die natürliche oder Standard-Situation sei? Zum anderen gibt es eine Vielzahl von Fällen, in denen Rassendiskriminierung unmöglich der Grund für Ungleichheiten gewesen sein kann und eine Vielzahl anderer Faktoren eindeutig dafür verantwortlich war.

Wie Sowell feststellt, gibt es in der Geschichte viele Beispiele dafür, dass Minderheitengruppen wirtschaftlich besser abschnitten als

[135] Ebd., 10.

Mehrheiten, die politisch dominant waren, so dass Diskriminierung kaum die Erklärung für diese Outperformance sein kann.[136] In der Hauptstadt des Osmanischen Reiches, Istanbul, dominierten zu Beginn des 20. Jahrhunderts Nichttürken und Nichtmuslime das Bank- und Finanzwesen, während Griechen und Armenier die Industrie überproportional kontrollierten. So schreibt Sowell: „Die rassischen oder ethnischen Minderheiten, die mehr als die Hälfte ganzer Industrien in bestimmten Ländern besaßen oder leiteten, gehörten den Chinesen in Malaysia, den Libanesen in Westafrika, den Griechen im Osmanischen Reich, den Briten in Argentinien, den Belgiern in Russland, den Juden in Polen und den Spaniern in Chile – neben vielen anderen Beispielen."[137] Zu verschiedenen Zeiten dominierte die tamilische Minderheit den medizinischen Beruf in Ceylon, deutsche und japanische Minderheiten beherrschten verschiedene Industrien in São Paulo, Brasilien, die indische Minderheit dominierte die Baumwollindustrie in Uganda, und italienische Einwanderer, die Kredite suchten, wurden von Bankern in Argentinien und den Vereinigten Staaten besonders bevorzugt. Und so weiter. In jedem dieser Fälle wäre es lächerlich zu behaupten, dass das Wirtschaftssystem irgendwie zugunsten der erfolgreichen Minderheiten und gegen die politisch dominante und weniger erfolgreiche Mehrheit manipuliert worden sei – dass es irgendwie einen „systemischen Rassismus" gegeben haben müsse, der die „griechische Vorherrschaft" im Osmanischen Reich oder die „tamilische Vorherrschaft" in Ceylon oder die „italienische Vorherrschaft" in den Vereinigten Staaten begünstigt haben müsse. Oder denken Sie an die Überrepräsentation von Juden in den Künsten und Wissenschaften und anderen Bereichen in der Mitte des zwanzigsten Jahrhunderts – obwohl sie extremer Verfolgung ausgesetzt waren und obwohl jüdische Einwanderer der ersten Generation oft verarmt waren.[138] War dies die Folge der „jüdischen Vorherrschaft" oder der „systematischen antijüdischen" Politik? Nur ein Antisemit würde einen solchen Unsinn glauben. Aber es ist nicht weniger unsinnig, dogmatisch zu behaupten, dass die Ungleichheiten in den heutigen Vereinigten Staaten einfach das Ergebnis einer „weißen Vorherrschaft" sein

[136] Ebd., 8–9.
[137] Ebd., 8.
[138] Sowell, Diskriminierung und Ungleichheiten, 11.

müssen (insbesondere wenn man bedenkt, dass, wie bereits erwähnt, asiatische Amerikaner die Weißen in vielerlei Hinsicht übertreffen). Viele, die sich zu diesen Themen äußern, nehmen an, dass, wenn Diskriminierung nicht die Erklärung für solche Ungleichheiten ist, die Genetik die einzige Alternative sein könne. Doch wie Sowell betont, ist dies eine falsche Einschätzung. Wirtschaftliche und andere soziale Ergebnisse sind in der Regel komplex und die Folgen einer großen Anzahl von Faktoren. Ein Ergebnis kann mehrere Voraussetzungen haben, so dass das Fehlen eines dieser Faktoren das Eintreten des Ergebnisses verhindert, selbst wenn die anderen vorhanden sind – und sein Fehlen hat möglicherweise nichts mit Diskriminierung oder Genetik zu tun.[139] Was die historischen Wohlstandsunterschiede zwischen Nationen betrifft, so können Faktoren wie die relative geographische Isolation oder der leichte Zugang zu Handelspartnern, das Vorhandensein oder Fehlen natürlicher Häfen, die Verfügbarkeit von Lasttieren oder deren Fehlen, Zufälligkeiten wie der Ausgang einer Schlacht usw. eine Rolle spielen.[140] Ein weiterer Faktor kann das Durchschnittsalter einer Gruppe sein, insofern die Bevölkerung mit einem höheren Durchschnittsalter zwangsläufig über ein höheres Gesamtniveau an Erfahrung, Wissen und Fähigkeiten verschiedener Art verfügt.[141] Wenn eine Nation in einem bestimmten Bereich einen Vorteil erlangt, nehmen ihre Bürger diesen Vorteil zwangsläufig mit, wenn sie auswandern. So erlangten deutsche Einwanderer in den Vereinigten Staaten, Argentinien und Brasilien einen überragenden Einfluss in der Bierindustrie, und jüdische Einwanderer aus Europa wurden in den Vereinigten Staaten und Argentinien in der Bekleidungsindustrie bekannt.[142]

Wie diese letzten Beispiele zeigen, ist ein weiterer entscheidender Faktor die Kultur – die Werte, Überzeugungen, Bräuche, Gewohnheiten und dergleichen, die von einem Volk geteilt und von Generation zu Generation weitergegeben werden. Tatsächlich urteilt der Historiker und Wirtschaftswissenschaftler David Landes, dass „die Kultur fast

[139] Ebd., 1–6.
[140] Sowell, Intellektuelle und Rasse, 10–18.
[141] Ebd., 16.
[142] Ebd., 15.

den gesamten Unterschied“ bei den wirtschaftlichen Ergebnissen einer Gruppe ausmacht.[143] Da die Kultur relativ stabil ist, sind auch ihre wirtschaftlichen Folgen im Laufe der Zeit relativ stabil, so dass Gruppen mit kulturellen Praktiken, die dem wirtschaftlichen Wohlstand eher förderlich sind, dazu neigen, ihre wirtschaftlichen Vorteile zu bewahren. Dennoch kann sich die Kultur ändern, und wenn dies der Fall ist, kann es zu einer Veränderung der wirtschaftlichen Lage einer Gruppe führen – ein solcher kultureller Wandel ist oft die fehlende Voraussetzung unter den zahlreichen Zutaten, die, wie Sowell betont, für bestimmte wirtschaftliche Ergebnisse notwendig sind. Landes erörtert das Beispiel des plötzlichen Aufstiegs Japans zur industriellen Modernisierung und Wirtschaftsmacht im neunzehnten Jahrhundert.[144] Einige der Voraussetzungen waren vorhanden, wie etwa eine effektive Regierung, eine hohe Alphabetisierungsrate, enge Familienstrukturen, eine Ethik der Selbstdisziplin und der Arbeit sowie ein starkes Gefühl der nationalen Identität. Aber es gab auch eine neue Bereitschaft, Japan für Einflüsse von außen zu öffnen, insbesondere die Entschlossenheit, die industriellen und wirtschaftlichen Praktiken zu studieren und zu übernehmen, die bei anderen Gruppen, insbesondere den Engländern und den Deutschen, funktioniert hatten.

Landes verteidigt auch Max Webers berühmte These, dass der Aufstieg des modernen Kapitalismus weitgehend ein Nebenprodukt der protestantischen Reformation war.[145] Zwar lehnten die Protestanten die Vorstellung ab, dass man sich sein Heil durch gute Werke verdienen könne, doch wurde ein moralisches Leben oft als ein beruhigendes Zeichen dafür angesehen, dass man tatsächlich gerettet wurde. Als die entsprechenden theologischen Voraussetzungen mit dem Aufkommen des Säkularismus verblassten, wandelte sich das moralische Ideal zu der Vorstellung, dass ein anständiges Leben durch bürgerliche Tugenden wie Ehrlichkeit, harte Arbeit, Ernsthaftigkeit, Sparsamkeit und einen guten Umgang mit der eigenen Zeit gekennzeichnet sei.

---

[143] David Landes, "Culture Makes Almost All the Difference", in Lawrence E. Harrison und Samuel P. Huntington, Hrsg., *Culture Matters: How Values Shape Human Progress* (New York: Basic Books, 2000). Siehe auch Landes' Buch *The Wealth and Poverty of Nations* (New York: Norton, 1998).

[144] Landes, "Culture Makes Almost All the Difference", 7–10.

[145] Ebd., 11–13.

Zusammen mit der zunehmenden Alphabetisierung, die durch die protestantische Betonung der Notwendigkeit jedes Gläubigen, die Heilige Schrift selbst zu lesen, hervorgerufen wurde, führten diese Werte zu einer Kultur, die der Wirtschaft und der Kapitalakkumulation sehr zuträglich war.

Der kamerunische Wirtschaftswissenschaftler Daniel Etounga-Manguelle argumentiert, dass die kulturellen Werte, die in afrikanischen Gesellschaften vorherrschen, die Wirtschaft und die Kapitalakkumulation weniger begünstigen und dass dies die wirtschaftlichen Unterschiede zwischen afrikanischen und westlichen Ländern erklärt.[146] Die afrikanischen Gesellschaften seien eher auf die Vergangenheit und die Bewahrung des von den Vorfahren Überlieferten ausgerichtet als auf die Zukunft und die Erschließung neuer Möglichkeiten. Infolgedessen neigten sie dazu, den Status quo als unveränderlich zu betrachten, und seien dementsprechend nicht geneigt, langfristig zu planen oder auf die Erreichung weit entfernter Ziele hinzuarbeiten. Sie neigen auch dazu, soziale Arrangements in hierarchischen und statischen Begriffen zu sehen und nicht im Sinne der im Westen vorherrschenden egalitären und dynamischen Sichtweise der eigenen Position in der Gesellschaft. Damit einher geht, so Etounga-Manguelle, die Tendenz, die Interessen des Einzelnen denen der Familie und der Gemeinschaft im Allgemeinen unterzuordnen, die Autorität eher in der Macht einzelner Herrscher als in abstrakten Gesetzen zu sehen, und einer skeptischen Haltung gegenüber den etablierten Wegen wenig Raum zu geben. Außerdem wird der Schwerpunkt auf Geselligkeit, Sozialität und Vergnügen gegenüber Effizienz und Arbeit gelegt. All dies geht dem individualistischen, unternehmerischen und karrieristischen Geist der modernen kapitalistischen Gesellschaften gegen den Strich.

Es ist wichtig zu betonen, dass es nicht darum geht, dass die kulturellen Einstellungen, die Landes beschreibt, gut und die, die Etounga-Manguelle beschreibt, schlecht sind. Weit gefehlt. Aus katholischer Sicht gibt es an der ersten Haltung viel zu kritisieren und an der

---

146 Daniel Etounga-Manguelle, "Does Africa Need a Cultural Adjustment Program?", in Harrison und Huntington, *Culture Matters*.

zweiten viel zu loben. Afrikanische Katholiken sind zu Recht dafür bekannt, dass sie der traditionellen Lehre und dem Lehramt der Kirche treuer sind als ihre westlichen Brüder, und die von Etounga-Manguelle zusammengefassten Werte erleichtern dies offensichtlich. Die westlichen kapitalistischen Gesellschaften hingegen sind nicht nur säkularer, sondern neigen auch zu einem faden Konsumverhalten und anderen Aspekten dessen, was Papst Johannes Paul II. als „Ökonomismus" verurteilt hat. Die Anhäufung von Reichtum, wirtschaftliche Effizienz, technologische Innovation und dergleichen sind keineswegs die höchsten menschlichen Werte, so dass eine Kultur, die sie fördert, nicht *ipso facto* anderen überlegen ist, ganz im Gegenteil. Sie kann, alles in allem, anderen sogar unterlegen sein.

Betrachtet man jedoch nur die unterschiedlichen wirtschaftlichen Ergebnisse zwischen Nationen und ethnischen Gruppen, so lässt sich nicht leugnen, dass unterschiedliche kulturelle Einstellungen und Gewohnheiten eine wichtige Rolle spielen. Lawrence Harrison nennt zehn Werte, die die von ihm als „progressiv" bezeichneten Kulturen von den „statischen" Kulturen unterscheiden und für den größeren wirtschaftlichen Wohlstand der Ersteren verantwortlich sind.[147] Erstens sind progressive Kulturen auf die Zukunft ausgerichtet und betonen die Kontrolle über das eigene Schicksal, während statische Kulturen sich auf die Gegenwart oder die Vergangenheit konzentrieren. Zweitens idealisieren progressive Kulturen die Arbeit und sehen in ihr sowohl persönliche Befriedigung als auch finanzielle Belohnung, während statische Kulturen die Arbeit als Belastung sehen. Drittens betonen progressive Kulturen Sparsamkeit und Investitionen in die Zukunft, während statische Kulturen ihnen misstrauen, da sie den egalitären Status quo untergraben und dazu neigen, die Wirtschaft als Nullsummenspiel zu betrachten. Viertens betonen progressive Kulturen Bildung als Schlüssel zum Fortschritt, während statische Kulturen sie als unwichtig ansehen, außer für die Eliten der Gesellschaft. Fünftens erfolgt der Aufstieg in progressiven Kulturen aufgrund von Verdiensten, während in statischen Kulturen die Familie und die Beziehungen

[147] Lawrence E. Harrison, "Promoting Progressive Cultural Change", in Harrison und Huntington, Hrsg., *Culture Matters*. Siehe auch Harrisons Buch *Who Prospers? How Cultural Values Shape Economic and Political Success* (New York: Basic Books, 1992).

zählen. Sechstens: In progressiven Kulturen sind die Radien des Vertrauens und der wirtschaftlichen Interaktion mit anderen auf alle Individuen bezogen, während sie in statischen Kulturen eher auf die eigene Familie oder den eigenen Stamm beschränkt sind. Siebtens: Progressive Kulturen haben einen ethischen Kodex, der Korruption, Vetternwirtschaft und Ähnliches scharf verurteilt, während statische Kulturen solche Praktiken eher tolerieren. Achtens, und damit zusammenhängend, werden unpersönliche Standards der Gerechtigkeit und des Fair Play (im Gegensatz zu Beziehungen oder Zahlungsfähigkeit) in progressiven Kulturen stärker respektiert und gefordert als in statischen Kulturen. Neuntens ist die Autorität in fortschrittlichen Kulturen eher verteilt und in statischen Kulturen eher konzentriert. Zehntens und letztens sind progressive Kulturen eher säkular und skeptisch, statische Kulturen eher religiös und konformistisch.

Harrison räumt ein, dass seine Darstellung idealisiert ist und dass nur wenige Kulturen, wenn überhaupt, völlig „progressiv" oder „statisch" im Sinne dieser Begriffe sind. Natürlich könnte man auch über einige Details seiner Darstellung streiten. Aber es wäre absurd, zu leugnen, dass eine Kultur, die dem, was er als „progressive" Einstellungen und Gewohnheiten bezeichnet, näher kommt, zwangsläufig wirtschaftlich wohlhabender sein wird als eine, die dem, was er als „statische" Einstellungen und Gewohnheiten bezeichnet, näher kommt. Auch das bedeutet nicht, dass eine solche Kultur unterm Strich besser ist. Es geht lediglich darum, dass kulturelle Unterschiede bei der Erklärung wirtschaftlicher Ungleichheiten zwischen bestimmten Gruppen eindeutig eine wichtige Rolle spielen. Es gibt ganz klar keine Grundlage, um darauf zu bestehen, dass Diskriminierung oder „systemischer Rassismus" die Erklärung sein *müsse*. Und obwohl ein vernünftiger Mensch natürlich versuchen könnte, Gegenargumente gegen die Ansichten der Sozialwissenschaftler Sowell, Landes, Etounga-Manguelle und Harrison zu entwickeln, besteht das Problem darin, dass Autoren wie Kendi und DiAngelo keine Gegenargumente entwickeln. Vielmehr tun sie selbst den Vorschlag, dass kulturelle Unterschiede und nicht Rassismus die wirtschaftlichen Ungleichheiten erklären könnten, dogmatisch als „rassistisch" ab.

Was ist mit anderen Faktoren, die von kritischen Rassentheoretikern hervorgehoben werden, wie dem Kolonialismus? Dass der

Kolonialismus nicht ausreicht, um zu erklären, warum einige ehemalige Kolonien wirtschaftlich schlechter dastehen als westliche kapitalistische Länder, sollte aus der Tatsache ersichtlich sein, dass dies nicht auf alle ehemaligen Kolonien zutrifft. Singapur und Hongkong sind ehemalige britische Kolonien, und Taiwan und Südkorea sind ehemalige japanische Kolonien, und sie alle haben sich wirtschaftlich gut entwickelt.[148] Der ghanaische Wirtschaftswissenschaftler George Ayittey weist darauf hin, dass zumindest in einigen afrikanischen Ländern die ehemaligen Kolonialmächte wichtige Infrastrukturen wie Straßen, Krankenhäuser, Universitäten, Telefonsysteme, einen öffentlichen Dienst und Ähnliches zurückgelassen haben – und dass diese Ressourcen erst *lange* nach dem Abzug der Kolonisatoren stark vernachlässigt wurden.[149] Wie Ayittey anmerkt, sind sozialistische und andere statisch gelenkte Wirtschaftssysteme, die so viele afrikanische Länder nach der Unabhängigkeit übernommen haben, die offensichtlichste Ursache für ihre wirtschaftliche Misere.[150] Sicherlich war dies zum Teil selbst eine Folge des Kolonialismus; denn einige Kolonialmächte verwalteten ihre Kolonien auf statische Weise, und die postkolonialen sozialistischen afrikanischen Regierungen behielten und vertieften diesen Statismus. Einige postkoloniale afrikanische Führer haben während ihres Studiums an westlichen Universitäten auch eine Feindseligkeit gegenüber dem Kapitalismus entwickelt. Dies ist jedoch wahrscheinlich kein Aspekt des kolonialen Erbes, den CRT-Adepten betonen wollen, da sie selbst eher antikapitalistisch sind.[151]

Der bei weitem wichtigste kulturelle Faktor, der die unterschiedlichen Ergebnisse von Gruppen beeinflusst, ist die relative Stabilität der

---

[148] Lawrence E. Harrison, Introduction to Harrison und Huntington, Hrsg., *Culture Matters*, xx.

[149] George B. N. Ayittey, *Afrika im Chaos* (New York: St. Martin's, 1998), 41–42.

[150] Ebd.,112–18.

[151] Siehe Ibram X. Kendi, *How to Be an Antiracist* (New York: One World, 2019), 156–63. Es sollte hinzugefügt werden, dass der Sozialismus keine Erweiterung der afrikanischen kulturellen Werte ist, im Gegensatz zu dem, was einige postkoloniale afrikanische sozialistische Führer behaupteten. Wie Ayittey argumentiert, ist in der traditionellen afrikanischen Gesellschaft nicht das Individuum die grundlegende wirtschaftliche und soziale Einheit, aber auch nicht der Staat oder die Gesellschaft als Ganzes. Vielmehr ist es die Großfamilie, und Familieneigentum ist eine Art Privateigentum.

Familie. Das ist genau das, was wir erwarten sollten, wenn man bedenkt, dass die Familie die grundlegende soziale Einheit ist, so dass größere Gruppen kaum vorankommen können, wenn die Familie schwach ist, genauso wenig, wie ein Körper gesund sein kann, wenn seine Organe krank sind. Der *Katechismus der Katholischen Kirche* lehrt: „Die Familie ist die *Urzelle des gesellschaftlichen Lebens.* ... Die Autorität, die Beständigkeit und das Gemeinschaftsleben innerhalb der Familie bilden die Grundlage von Freiheit, Sicherheit und Brüderlichkeit innerhalb der Gesellschaft." (2207) Papst Pius XI. lehrte:

> Wie die Geschichte beweist, können der Wohlstand des Staates und das zeitliche Glück seiner Bürger nicht sicher und gesund bleiben, wenn das Fundament, auf dem sie beruhen, nämlich die sittliche Ordnung, geschwächt ist und wenn die eigentliche Quelle, aus der der Staat sein Leben schöpft, nämlich Ehe und Familie, durch die Laster seiner Bürger behindert wird.[152]

Ähnlich heißt es im Kompendium der Soziallehre der Kirche:

> Es ist vollkommen einleuchtend, dass das Wohl der Personen und das gute Funktionieren der Gesellschaft eng mit dem „Wohlergehen der Ehe- und Familiengemeinschaft verbunden" sind. Ohne Familien, die in der Gemeinschaft stark und in ihrem Engagement beständig sind, verlieren die Völker an Kraft. Von den ersten Lebensjahren an leistet die Familie eine Verinnerlichung der moralischen Werte sowie eine Weitergabe des geistigen und kulturellen Erbes der Religionsgemeinschaft und der Nation. In ihr lernt man soziale Verantwortung und Solidarität.[153]

Die offensichtliche Folge ist, dass soziale Gruppen, in denen Ehe und Familie schwach sind, zwangsläufig weniger gut funktionieren als solche, in denen sie stark sind; es ist weniger wahrscheinlich, dass moralische, religiöse und kulturelle Werte effektiv weitergegeben werden;

---

[152] Pius XI., Enzyklika *Casti Connubii* (31. Dezember 1930), Nr. 123.

[153] *Kompendium der Soziallehre der Kirche*, Nr. 213, Online https://www.iupax.at/dl/lsppJmoJmMMJqx4KJKJmMJMnMM/Kompendium_der_Soziallehre_pdf

und es ist weniger wahrscheinlich, dass Kinder hervorgebracht werden, die soziale Verantwortung und Solidarität gelernt haben. Wirtschaftliche und andere Ungleichheiten sind die Folge.

Das alles ist gesunder Menschenverstand, aber die Sozialwissenschaft bestätigt es im Zweifelsfall. Der Soziologe David Popenoe ist einer von mehreren bekannten Forschern, die die katastrophalen Auswirkungen der weit verbreiteten Vaterlosigkeit und der unehelichen Kinder untersucht haben.[154] Von Familien, die von Müttern geleitet werden, sagt er: „Keine andere Gruppe ist so arm, und keine bleibt länger arm", und „die Kinder von Familien mit Müttern sind die ärmsten der Armen". Dieses Ergebnis hat schwarze amerikanische Familien und Kinder besonders hart getroffen. Popenoe schreibt:

> Der Verlust des Einkommens der Väter ist natürlich nicht der einzige Grund für die jüngste Zunahme der Kinderarmut in Amerika. Aber es ist der vorherrschende Grund. Einer Schätzung zufolge lassen sich 51 Prozent des in den 1980er Jahren beobachteten Anstiegs der Kinderarmut (65 Prozent bei Schwarzen) auf Veränderungen in der Familienstruktur zurückführen. In der Tat kann ein Großteil des Einkommensunterschieds zwischen Weißen und Schwarzen, vielleicht sogar zwei Drittel, auf die Unterschiede in der Familienstruktur zurückgeführt werden.[155]

Schlechte wirtschaftliche Ergebnisse sind nicht die einzigen schlimmen Folgen. Popenoe stellt fest, dass Kinder in Ein-Eltern-Familien deutlich häufiger unter emotionalen und Verhaltensproblemen leiden und schlechtere schulische Leistungen erbringen.[156] Mädchen, die ohne ihre leiblichen Väter aufwachsen, sind mit größerer Wahrscheinlichkeit sexuell aktiv und werden selbst außerehelich schwanger, und dieses Problem wird auch durch die Anwesenheit von

---

[154] David Popenoe, *Life Without Father: Compelling New Evidence That Fatherhood and Marriage Are Indispensable for the Good of Children and Society.* Siehe auch David Blankenhorn, *Fatherless America: Confronting Our Most Urgent Social Problem* (New York: HarperPerennial, 1996) und James Q. Wilson, *The Marriage Problem: How Our Culture Has Weakened Families* (New York: HarperCollins, 2002).

[155] Popenoe, *Life Without Father*, 54 und 55.

[156] Ebd., 56–57.

Stiefvätern nicht gemildert. Darüber hinaus neigen Stiefväter und die Freunde der Mütter eher zu körperlichem und sexuellem Missbrauch (auch wenn die meisten dies natürlich nicht tun) als leibliche Väter, und im Allgemeinen kommt Kindesmissbrauch häufiger in Haushalten vor, in denen der leibliche Vater nicht anwesend ist.[157]

Hinzu kommen die Auswirkungen der Vaterlosigkeit auf die Kriminalität. Popenoe stellt fest: „Jugendkriminalität und Gewalt werden eindeutig überproportional von Jugendlichen in reinen Mutterhaushalten und in anderen Haushalten begangen, in denen der biologische Vater nicht anwesend ist."[158] Dies gilt insbesondere für junge Männer. Popenoe schreibt:

> Sechzig Prozent der amerikanischen Vergewaltiger, 72 Prozent der jugendlichen Mörder und 70 Prozent der Langzeit-Gefängnisinsassen kommen aus vaterlosen Familien. ... [D]ies ist kein statistisches Artefakt. Väter sind für ihre Söhne als Vorbilder wichtig. Sie sind wichtig für die Aufrechterhaltung von Autorität und Disziplin. Und sie sind wichtig, um ihren Söhnen zu helfen, sowohl Selbstbeherrschung als auch Einfühlungsvermögen gegenüber anderen zu entwickeln, Charaktereigenschaften, die bei gewalttätigen Jugendlichen fehlen.[159]

Darüber hinaus neigen vaterlose junge Männer, denen es nicht gelingt, eine Bindung zu Frau und Kindern aufzubauen, viel eher zu Gewalt, Drogenkonsum und anderen asozialen und riskanten Verhaltensweisen. Wie Popenoe argumentiert, reicht es nicht aus, diese Verhaltensweisen auf den Mangel an Arbeitsplätzen zurückzuführen. Vielmehr wirkt die Verantwortung für Frau und Kinder wie eine zivilisatorische Kraft auf junge Männer, die sie dazu bringt, gefährliches Verhalten zu vermeiden und Arbeit zu suchen.[160]

---

[157] Ebd., 65–73.
[158] Ebd., 62.
[159] Ebd., 63.
[160] Ebd., 75.

Vaterlosigkeit und uneheliche Kinder haben diese negativen Auswirkungen unabhängig von der Rasse der Beteiligten. Aber der Anteil der Alleinerziehenden schwarzen Amerikaner an den Familien ist größer als der Anteil der Weißen, und der Anteil der Weißen ist größer als der Anteil der asiatischen Amerikaner.[161] Diese Tatsache bietet eine offensichtliche kulturgeschichtliche Erklärung für die wirtschaftlichen und anderen Ungleichheiten zwischen diesen Gruppen. Dennoch ziehen es Autoren wie Kendi dogmatisch nicht nur vor, solche Ungleichheiten dem Rassismus zuzuschreiben, sondern schreiben diese alternative Erklärung auch „rassistischen Patriarchen" zu, deren Forderung nach einer Erneuerung der schwarzen Vaterschaft „sexistisch" sei.[162] Das ist nichts anderes als eine ideologische *Ad-hominem*-Ablenkung von unbequemen empirischen Beweisen.

Einige erkennen die katastrophalen wirtschaftlichen und sozialen Auswirkungen der Vaterlosigkeit, führen sie aber dennoch auf den Rassismus zurück, da es sich um eine nachwirkende Folge der Sklaverei handele. Sowell argumentiert jedoch, dass diese Vorstellung einer Überprüfung nicht standhält:

> Die Tatsache, dass so viele schwarze Familien heute aus Frauen mit vaterlosen Kindern bestehen, wird von vielen als ein Erbe der Sklaverei bezeichnet. Doch die meisten schwarzen Kinder wuchsen in Zwei-Eltern-Familien auf, sogar während der Sklaverei und über Generationen danach. Noch 1960 lebten zwei Drittel der schwarzen Kinder in Familien mit zwei Elternteilen. Vor einem Jahrhundert war ein etwas höherer Prozentsatz der Schwarzen verheiratet als die Weißen. ... Die Gründe für die Veränderungen zum Schlechteren und andere Muster müssen in unserer eigenen Zeit gesucht werden. Was auch immer die Gründe für den Zerfall der schwarzen Familie gewesen sein mögen, er hat sich gut ein Jahrhundert nach dem Ende der Sklaverei und weniger als eine Generation nach der starken Ausweitung des Wohlfahrtsstaates und der damit

---

[161] "Children in Single-Parent Families by Race in the United States", Kids Count Data Center (2019), https://datacenter.kidscount.org/. Abgerufen am 29. September 2021.

[162] Kendi, *How to Be an Antiracist*, 183–84.

> einhergehenden Ideologie der Urteilslosigkeit auf das derzeitige katastrophale Niveau gesteigert.[163]

Es ist kein Zufall, dass die Expansion und die Ideologie, auf die sich Sowell bezieht, zur gleichen Zeit auftraten wie die sexuelle Revolution. Und diese Faktoren unterstreichen Sowells Standpunkt, dass genetische Erklärungen für Ungleichheiten nicht die einzigen Alternativen für Erklärungen sind, die Ungleichheiten auf Rassismus zurückführen. *Kulturelle* Veränderungen können zu Ungleichheiten führen, und wenn dies der Fall ist, besteht das Mittel darin, diese Veränderungen rückgängig zu machen. Doch trotz des enormen Schadens, den sie offensichtlich schwarzen Familien zugefügt hat, ist die sexuelle Revolution nicht etwas, an dessen Rückgängigmachung CRT-Autoren interessiert sind. Im Gegenteil, über den Begriff der „Intersektionalität" fügen sie die Sache der so genannten sexuellen Befreiung in ihre Art von Antirassismus ein.

Es gibt noch weitere Probleme, die die Sozialwissenschaft für die *Critical Race Theory* aufwirft. CRT-Autoren sind oft der Meinung, dass selbst diejenigen, die aufrichtig behaupten, nicht rassistisch zu sein, dennoch unbewusste Vorurteile hätten in Form von „impliziten Vorurteilen". Sie behaupten, dass subtile Vorurteile häufig zu „Mikroaggressionen" gegen Angehörige rassischer Minderheitengruppen führten. Aber gibt es tatsächlich empirische Beweise für diese Behauptungen? Nein, und die Versuche von Sozialwissenschaftlern, sie zu belegen, sind äußerst problematisch. Im Falle der impliziten Voreingenommenheit gibt es mehrere anhaltende Probleme mit psychologischen Tests, die deren Existenz aufdecken sollen.[164] Zum einen ist nicht klar, ob sich die Voreingenommenheit, die die Forscher aufzuspüren versuchen, wirklich von der expliziten Voreingenommenheit unterscheidet, die wir bereits kennen. Es gibt Belege dafür, dass Versuchspersonen, die auf implizite Voreingenommenheit getestet werden,

---

[163] Sowell, *Intellectuals and Race*, 120–21.

[164] Siehe Edouard Machery, "Anomalies in implicit attitudes research", *Wiley Interdisciplinary Reviews: Cognitive Science* (15. Juni 2021), und die sozialwissenschaftliche Literatur, die in Jonathan D. Church, *Reinventing Racism: Why "White Fragility" Is the Wrong Way to Think about Racial Inequality* (Lanham, Md.: Rowman and Littlefield, 2021), Kap. 2.

vorhersagen können, wie sie wahrscheinlich abschneiden werden, und ihre Antworten entsprechend anpassen – wie kann dann ihre angebliche Voreingenommenheit von der exotischen impliziten Art sein? Zum anderen erhalten die Probanden häufig unterschiedliche Ergebnisse, wenn sie den Test wiederholen, was darauf hindeutet, dass die Ergebnisse möglicherweise mehr über den Test und die Umstände, unter denen er durchgeführt wird, aussagen als über irgendwelche stabilen Eigenschaften der Person, die den Test macht. Solche Tests erweisen sich auch als schlechte Prädiktoren für das tatsächliche Verhalten außerhalb des Testkontexts. In einigen Fällen neigen die Personen, bei denen die Tests angeblich eine implizite Voreingenommenheit zu zeigen scheinen, eher dazu, sich gegenüber Angehörigen von Minderheitengruppen positiv zu verhalten (vielleicht gerade aus Angst, für voreingenommen gehalten zu werden).[165] Hinzu kommt die Tatsache, dass es nicht einfach ist, wissenschaftlich streng zu bestimmen, was als „Voreingenommenheit“ gilt. Es wäre kaum sinnvoll, den Begriff in einer Weise zu definieren, die die Behauptungen der Kritischen Rassentheorie voraussetzt (z. B. im Sinne einer Ablehnung der These, dass alle Ungleichheiten ihrem Wesen nach rassistisch seien), da dies die Frage einfach zugunsten der Kritischen Rassentheorie aufwerfen würde, anstatt eine unabhängige wissenschaftliche Bestätigung dafür zu liefern.

Wie eine kürzlich durchgeführte Literaturrecherche ergab, wird auch der Begriff „Mikroaggressionen“ durch keine aktuelle sozialwissenschaftliche Forschung unterstützt.[166] Versuche, die Prävalenz von Mikroaggressionen zu ermitteln, beruhen in der Regel auf Stichproben, die zu klein sind, um statistisch interessant zu sein. Was als „Mikroaggression“ gilt, hängt in der Regel von den subjektiven Reaktionen der Forscher selbst ab, so dass sie aufgrund von Bestätigungsfehlern Mikroaggressionen in ihren Stichproben feststellen. Selbst dann können die Studien nicht nachweisen, dass Angehörige von Minderheitengruppen selbst mit den Forschern darüber übereinstimmen, ob ein bestimmtes Verhalten eine „Mikroaggression“ darstellt.

---

[165] Church, *Reinventing Racism*, 24–25.

[166] Siehe Edward Cantu und Lee Jussim, "Microaggressions, Questionable Science, and Free Speech", *Texas Review of Law and Politics* (16. April 2021).

Es gibt nicht nur keine Beweise für die Existenz von impliziten Vorurteilen, Mikroaggressionen und anderen vermeintlich exotischen Formen des Rassismus, sondern wie Greg Lukianoff und Jonathan Haidt hervorgehoben haben, kann die Betrachtung der Welt durch die Brille solcher CRT-Konzepte der psychischen Gesundheit tatsächlich ernsthaften Schaden zufügen.[167] Die kognitive Verhaltenstherapie (oder CBT) ist, wie sie anmerken, weithin als eine der wirksamsten Methoden zur Behandlung von Depressionen, Angstzuständen, Zwangsstörungen und dergleichen anerkannt. Zu den Faktoren, die zu solchen Störungen führen, gehören eine Reihe von kognitiven Verzerrungen oder schlechten Denkgewohnheiten, die uns dazu verleiten, unsere Umwelt falsch wahrzunehmen und Schwierigkeiten zu übertreiben oder zu erfinden. Dazu gehören *emotionales Denken*, d. h., wir lassen unsere Gefühle bestimmen, wie wir die Realität interpretieren, anstatt die Realität bestimmen zu lassen, ob unsere Gefühle die richtigen sind; ferner das *Katastrophisieren*, d. h., wir konzentrieren uns zwanghaft auf das denkbar schlechteste Ergebnis anstatt auf das, was nachweislich wahrscheinlicher ist; *Übergeneralisierung* oder voreilige Schlussfolgerungen auf der Grundlage eines oder weniger Vorfälle; *dichotomes Denken* oder die Betrachtung von Dingen in Entweder-oder-Bedingungen, wenn eine nüchternere Analyse mehr Möglichkeiten offenbaren würde; *Gedankenlesen* oder voreilige Schlussfolgerungen über die Gedanken anderer Menschen; *Etikettierung* im Sinne der Neigung, einer Person oder einem Phänomen eine vereinfachte Beschreibung aufzuzwängen, die über die Komplexität hinwegtäuscht; *negatives Filtern* und *Vernachlässigen des Positiven* oder die Suche nach bestätigenden Beweisen für eine pessimistische Annahme, während bestätigende Beweise dafür, dass die Dinge in Wirklichkeit gar nicht so schlecht sind, geleugnet oder heruntergespielt werden; und *Schuldzuweisungen* oder die Fokussierung auf andere als Ursache für die eigenen negativen Gefühle, anstatt selbst die Verantwortung dafür zu übernehmen.

Es liegt auf der Hand, dass die Wahrscheinlichkeit, die Welt übermäßig negativ zu sehen und dadurch unglücklich zu sein, umso größer ist, je

---

[167] Greg Lukianoff und Jonathan Haidt, *The Coddling of the American Mind: How Good Intentions and Bad Ideas Are Setting Up a Generation for Failure* (New York: Penguin, 2018), Kap. 2.

anfälliger man für diese Denkgewohnheiten ist. Die CBT zielt daher darauf ab, den Patienten zu helfen, diese schlechten Denkgewohnheiten zu erkennen und ihnen entgegenzuwirken. Die *Critical Race Theory* ermutigt jedoch alle diese kognitiven Verzerrungen positiv. Sie lehrt emotionales Denken, indem sie persönliche „Narrative" gegen die Ideale von Rationalität und Objektivität ausspielt und indem sie die subjektiven Reaktionen von beleidigten Menschen zum Maßstab dafür macht, ob sie als Opfer von „Mikroaggressionen" betroffen sind. Sie fördert Schuldzuweisungen, indem sie Anschuldigungen über Mikroaggressionen und andere Missstände so behandelt, als könnten sie niemals vernünftigerweise als Folge von Überempfindlichkeit oder Paranoia der beleidigten Person angesehen werden. Sie frönt der negativen Filterung und der Vernachlässigung des Positiven, indem sie den Begriff „Rassismus" willkürlich so weit fasst, dass alles als rassistisch gelten kann, selbst das, was in der Vergangenheit als großer Fortschritt im Kampf gegen den Rassismus angesehen wurde (wie z. B. farbenblinde oder rassenneutrale Politik und Ablehnung jeglicher Rassendiskriminierung). Auf die gleiche Weise betreibt sie Etikettierung, indem sie all die komplexen Ursachen von Ungleichheiten und die verschiedenen Motive hinter verschiedenen Aktionen und Politiken ignoriert und ihnen einfach die Bezeichnung „rassistisch" anheftet. Sie fördert dichotomes Denken, da sie darauf besteht, dass man entweder mit der CRT übereinstimmt oder als „rassistisch" abgetan werden soll. Sie offenbart eine katastrophale Sichtweise, indem sie glaubt, dass alles, was nicht die extremsten politischen Empfehlungen der CRT umsetzt, zu einer rassistischen Gesellschaft führe, die seit den Tagen der Rassentrennung kaum oder gar keine wirklichen Fortschritte gemacht habe. Sie ermutigt zum Gedankenlesen, indem sie allen Weißen „implizite Voreingenommenheit", „weiße Fragilität" und andere rassistische Haltungen unterstellt, selbst wenn es keine objektiven Beweise für diese Zuschreibungen gibt. Sie verallgemeinert übermäßig, indem sie jeden einzelnen Fall einer tatsächlichen oder wahrgenommenen rassistischen Ungerechtigkeit so behandelt, als ob er eine Bestätigung der gesamten extremistischen CRT-Weltanschauung wäre.

Kurz gesagt, die Kritische Rassentheorie fördert paranoide Denkgewohnheiten, die denen von Menschen mit Depressionen und Angstzuständen ähneln. Die Betrachtung der Welt durch die Brille der CRT führt dazu, dass man Rassismus auch dort sieht, wo es ihn nicht gibt, dass man sich über diesen eingebildeten Rassismus stark beleidigt fühlt und dass man dann das daraus resultierende Narrativ der Beleidigung so behandelt, als wäre es ein bestätigender Beweis für die Realität des eingebildeten Rassismus. Infolgedessen wird ein Großteil der öffentlichen Meinung unter dem Einfluss von Kendis und DiAngelos Bestsellern und anderer CRT-inspirierter Propaganda zu einer massiv verzerrten Wahrnehmung der Rassenbeziehungen und des Auftretens rassistischen Verhaltens in der heutigen amerikanischen Gesellschaft verleitet.

Der Politikwissenschaftler Eric Kaufmann hat einige der einschlägigen Belege zusammengetragen.[168] Er stellt fest, dass rassistische Einstellungen und Verhaltensweisen in den letzten Jahrzehnten drastisch zurückgegangen sind:

> Der Anteil der weißen Amerikaner, die der Meinung sind, dass es zulässig sei, beim Verkauf eines Hauses rassistisch zu diskriminieren, sank von 60 % im Jahr 1980 auf 28 % im Jahr 2012. Die Zustimmung zu schwarz-weißen Mischehen stieg laut Gallup unter den Weißen von etwa 4 % im Jahr 1958 auf 45 % im Jahr 1995 und 84 % im Jahr 2013. Im Jahr 2017 sagten weniger als 10 % der Weißen in einer großen Pew-Umfrage, dass die Ehe zwischen Rassen eine „schlechte Sache“ sei. ... In der Zwischenzeit gingen die polizeilichen Tötungen von Afroamerikanern von Ende der 1960er bis Anfang der 2000er Jahre um 60–80 % zurück und sind seither auf diesem Niveau geblieben.[169]

Dennoch sind immer mehr Menschen auf der linken Seite des politischen Spektrums der Meinung, dass die Verbreitung von Rassismus zunehme. Kaufmann stellt fest, dass der Prozentsatz der weißen Liberalen, die Rassismus als ernsthaftes Problem ansehen, von unter 40 Prozent im Jahr 2014 auf über 80 Prozent im Jahr 2017 stieg.[170] Dies

[168] Eric Kaufmann, *The Social Construction of Racism in the United States* (New York: The Manhattan Institute, 2021).
[169] Ebd., 9.
[170] Ebd., 18.

geschah genau zu dem Zeitpunkt, als die *Critical Race Theory* und andere "woke"-Ideen begannen, die liberale Mainstream-Politik zu beeinflussen, insbesondere über die sozialen Medien. Der Kontakt mit solchen Medien beeinflusst offensichtlich die Wahrnehmung der Menschen, selbst bezüglich ihrer eigenen Lebensumstände, ganz zu schweigen vom Zustand der Rassenbeziehungen in der Gesamtgesellschaft. Wie Kaufmann feststellt, „berichteten schwarze Befragte in sozialen Medien 2016 mit deutlich höherer Wahrscheinlichkeit, dass sie diskriminiert wurden, als Befragte, die nicht in sozialen Medien aktiv waren“.[171]

Ideologie und soziale Medien haben ebenfalls einen dramatischen Einfluss auf die öffentliche Wahrnehmung hinsichtlich der Haltung der Polizei gegenüber Minderheitengruppen. So hat beispielsweise die Medienberichterstattung über mehrere prominente Fälle dazu geführt, dass viele die Häufigkeit von Polizeigewalt gegen schwarze Amerikaner stark übertrieben haben. So schreibt Kaufmann:

> Acht von zehn afroamerikanischen Umfrageteilnehmern glauben, dass junge schwarze Männer eher von der Polizei erschossen werden als bei einem Verkehrsunfall zu sterben; einer von zehn ist anderer Meinung. Bei einer Stichprobe hochgebildeten liberaler Weißer stimmten mehr als sechs von zehn zu. In Wirklichkeit sterben wesentlich mehr junge afroamerikanische Männer bei Verkehrsunfällen, als von der Polizei erschossen werden. ...
> Nur etwa ein Fünftel der Liberalen, aber fast die Hälfte der Konservativen gaben die richtige Antwort auf die Frage, wie viele unbewaffnete Schwarze im Jahr 2019 von der Polizei getötet wurden. Ganze 54 % der „sehr liberalen“ Amerikaner dachten, dass mehr als 1.000 getötet worden seien, während die tatsächliche Zahl zwischen 13 und 27 lag.[172]

Oder denken Sie an die Ermordung von George Floyd durch den Polizeibeamten Derek Chauvin, die zu Unruhen führte, die

[171] Ebd., 10.
[172] Ebd., 5 und 16.

fünfundzwanzig Todesopfer und über eine Milliarde Dollar Sachschaden verursachten und der Kritischen Rassentheorie zu plötzlicher und beispielloser Bekanntheit und Einfluss verhalfen. Viele gehen davon aus, dass die Tötung offensichtlich rassistisch motiviert gewesen sei. Doch auf die Frage, warum die Staatsanwälte Chauvin nicht wegen eines Hassverbrechens angeklagt haben, sagte der Generalstaatsanwalt von Minnesota, Keith Ellison, der schwarz und politisch liberal ist: „Ich würde es nicht so nennen, weil Hassverbrechen Verbrechen sind, bei denen es ein explizites Motiv aus Vorurteilen gibt. ... Wir haben keine Beweise dafür, dass Derek Chauvin bei seiner Tat die Rasse von George Floyd in Betracht gezogen hat."[173] Ellison führte Chauvins Handeln stattdessen auf Arroganz zurück und insbesondere auf die Weigerung, auf die Menschenmenge zu hören, die ihn davor warnte, dass sein übermäßiges Festhalten an Floyds Hals Floyds Leben in Gefahr brachte.

Ellison stimmte zwar zu, dass die Rasse bei der unterschiedlichen Behandlung verschiedener Bürger durch die Polizei eine Rolle spiel, doch betonte er, dass andere Faktoren, wie z. B. die Klassenzugehörigkeit, oft eine größere Rolle spielten:

> Wenn ein Polizist einen weißen Neurologen in Eden Prairie, Minnesota, nicht zu Boden wirft und ihm nicht im Nacken sitzt, tut er es dann, weil es sich um einen weißen Kollegen handelt? Nein. Er tut es, weil er denkt: „Das ist eine wichtige Person, und wenn ich sie schlecht behandle, wird mich jemand darauf ansprechen. Diese Person hat wahrscheinlich Anwälte. Wahrscheinlich kennt er den Gouverneur, er hat Beziehungen. So wie er gekleidet ist und wie er redet, kann ich sehen, dass er wahrscheinlich, Zitat Ende, ‚jemand' ist." Und darum geht es also wirklich.[174]

Floyds Ermordung war eine schwere Ungerechtigkeit, und selbst wenn sie nicht rassistisch motiviert war, bedeutet das nicht, dass Rasse in

---

[173] Interview in 60 minutes, 20. Juni 2021, https://www.cbsnews.com/news/derek-chauvin-staatsanwälte-george-floyd-tod-60-minutes-2021-06-20/.
[174] Ebd.

anderen Fällen von Polizeibrutalität keine Rolle spielt. Aber das zeigt einfach nicht, dass wir die Kritische Rassentheorie akzeptieren sollen, genauso wenig, wie die Realität wirtschaftlicher Ungerechtigkeiten zeigt, dass wir den Marxismus annehmen sollen. Die extremen Behauptungen der CRT werden in keiner Weise durch empirische Beweise gestützt. Vielmehr werden sie von Ideologen in die Beweise hineingelesen, deren Denken, wie wir gesehen haben, in hohem Maße von verschiedenen kognitiven Verzerrungen und logischen Irrtümern beeinflusst ist.

7

Katholizismus versus Kritische Rassentheorie

Wie bereits erwähnt, formuliert die Kritische Rassentheorie im Wesentlichen einige der Schlüsselthemen des Marxismus und der Postmoderne in rassischer Hinsicht neu. Nun hat die Kirche die Schlüsselideen des Marxismus und aller anderen Formen des Sozialismus und Kommunismus sowie die relativistischen und anderen Themen, die für die Postmoderne charakteristisch sind, konsequent und energisch verurteilt. Daraus folgt, dass die CRT, die eine bloße Abwandlung dieser bösartigen Ideen ist, genauso wenig mit der Lehre der Kirche vereinbar ist wie der Marxismus und der Postmodernismus.

So hat die Kirche beispielsweise die marxistische These verurteilt, wonach soziale Klassen, wie Reiche und Arme oder Kapital und Arbeit, einander von Natur aus und notwendigerweise feindlich gegenüberstehen. So bezeichnet Papst Leo XIII. in *Rerum Novarum* diese These als „der Vernunft und der Wahrheit widersprechend" und besteht darauf, dass in Wirklichkeit „die Natur geboten hat, dass die ... erwähnten Klassen harmonisch miteinander übereinstimmen und gleichwertige Gegenstücke zueinander bilden sollten" (28). Es kann kaum weniger abscheulich sein, zu behaupten, wie die CRT es tut, dass „Antischwarzsein" der „weißen Identität" innewohne, so dass die Beziehung zwischen Weißen und Nichtweißen von Natur aus eine von Unterdrückern und Unterdrückten sei. Die Rassenanalyse der CRT ist ebenso spaltend und der sozialen Harmonie zuwiderlaufend wie die marxistische Klassenanalyse, und die Dämonisierung des „Weißseins" durch die CRT ist daher ebenso wenig mit der katholischen Soziallehre vereinbar wie die marxistische Dämonisierung des „Bourgeois" und des „Kapitals". Und sie ist potenziell genauso gewalttätig, wie sich die marxistische Lehre als solche erwiesen hat. In der Tat hat ein CRT-beeinflusster Autor in einem Buch, das in der Mainstream-Presse viel

Aufmerksamkeit und sogar Lob erhielt, Ausschreitungen und Plünderungen im Namen des Antirassismus verteidigt.[175]

Die Kirche fordert zwar die Reichen auf, den Armen zu Hilfe zu kommen, stellt aber auch klar, dass dies nichts mit dem sozialistischen Ziel der Gleichheit zu tun hat. Denn auch wenn die Unterscheidung in der politischen Rhetorik oft verwischt wird, gibt es einen Unterschied zwischen der Beseitigung von Armut und der Beseitigung von Ungleichheit. Es besteht auch ein Unterschied zwischen der Behauptung, dass die Menschen in ihrer Würde und in ihren Grundrechten gleich sind, und der Behauptung, dass sie alle den gleichen Reichtum haben sollten, alle in jedem Beruf gleich stark vertreten sein sollten und so weiter. In der Tat hat die Kirche wiederholt die These vertreten, dass Ungleichheiten in Bezug auf Reichtum und dergleichen von Natur aus ungerecht sind. In *Rerum Novarum* lehrt Papst Leo XIII.:

> Es ist unmöglich, die bürgerliche Gesellschaft auf eine tote Ebene zu reduzieren. Die Sozialisten mögen in dieser Absicht ihr Äußerstes tun, aber alles Streben gegen die Natur ist vergeblich. Von Natur aus gibt es unter den Menschen mannigfaltige Unterschiede der wichtigsten Art; die Menschen unterscheiden sich in ihren Fähigkeiten, Fertigkeiten, ihrer Gesundheit, ihrer Kraft; und ungleiches Glück ist eine notwendige Folge ungleicher Bedingungen. (17)

Und in *Humanum Genus* schreibt der Papst:

> Was die Behauptung einer allgemeinen Gleichheit unter den Menschen angeht, so ist diese Behauptung vollständig wahr, wenn wir unser Geschlecht und unsere gemeinsame Natur, das letzte Ziel, nach dem alle streben sollen, sowie die Rechte und Pflichten betrachten, die hieraus fließen. Da aber die natürlichen Fähigkeiten aller nicht gleich sein können, einer von dem andern sich unterscheidet an Geistes- und Leibeskraft und die Sitten, Bestrebungen und Naturelle gar verschieden sind, so widerstreitet nichts so sehr der Vernunft, als alle ohne

[175] Vicky Osterweil, *In Defense of Looting* (New York: Bold Type Books, 2020).

> Unterschied in einem abstrakten Begriff zusammenzufassen und nach dieser unbedingten Gleichheitstheorie ein Staatswesen begründen zu wollen. Wie der vollkommene Leib aus der organischen Verbindung der verschiedenen Glieder besteht, welche nach Gestalt und Tätigkeit voneinander abweichen, im Ganzen aber und ein jedes an seiner Stelle die menschliche Gestalt bilden, schön in ihrer Erscheinung, stark an Kraft, deren Tätigkeit notwendig ist, so bilden im Gemeinwesen die einzelnen Teile eine fast unendliche Verschiedenheit. Würden diese sich alle gleich dünken und ein jeder seiner Willkür folgen, dann würde sich uns ein Staat darstellen, wie er unförmlicher nicht gedacht werden könnte; wenn aber die verschiedenen Ämter, Berufsklassen und Bestrebungen harmonisch zum allgemeinen Besten zusammenwirken, dann tritt das Bild eines gesunden und der Natur entsprechenden Staatswesens vor uns hin. (26)

Der heilige Papst Pius X. lehrte dasselbe. In der Enzyklika *Notre Charge Apostolique* kritisiert er die religiös-sozialistische Bewegung des Sillonismus:

> Der Sillon sagt, dass er eine Ära der Gleichheit anstrebt, die gerade dadurch auch eine Ära der größeren Gerechtigkeit wäre. Für den Sillon ist also jede Ungleichheit der Bedingungen eine Ungerechtigkeit oder zumindest eine Minderung der Gerechtigkeit. Wir haben es hier mit einem Prinzip zu tun, das in krassem Widerspruch zur Natur der Dinge steht, ein Prinzip, das zu Eifersucht und Ungerechtigkeit führt und jede soziale Ordnung untergräbt.

Diese Lehre taucht auch in anderen Schriften dieser Päpste auf und wurde von Papst Pius XI. und Papst Pius XII. bekräftigt.[176] In

---

[176] Vgl. Leo XIII., Enzyklika *Quod Apostolici Muneris* (28. Dezember 1878), Nr. 9; Pius X., Motu proprio *Fin Dalla Prima* (18. Dezember 1903); Pius XI., Enzyklika *Divini Redemptoris* (19. März 1937), Nr. 33; und Pius XII., *Ansprache* (4. Juni 1953), zitiert in Ronald J. Rychlak, "Pope Pius XII on Social Issues", in *Catholic Social Teaching: A Volume of Scholarly Essays*, eds. Gerard V. Bradley und E. Christian Brugger (Cambridge: Cambridge University Press, 2019), 132.

Übereinstimmung mit dieser traditionellen Lehre bekräftigt das Dokument der Päpstlichen Kommission für Gerechtigkeit und Frieden von 1988 *Die Kirche und der Rassismus* zwar, dass „keine menschliche Gruppe ... sich einer natürlichen Überlegenheit gegenüber anderen rühmen kann", stellt aber auch fest:

> Wenn alle Menschen und menschlichen Gemeinschaften gleich an Würde sind, bedeutet das nicht, dass sie zu einem bestimmten Zeitpunkt alle die gleichen körperlichen Fähigkeiten, kulturellen Begabungen, intellektuellen und moralischen Stärken haben oder sich auf der gleichen Entwicklungsstufe befinden. Gleichheit ist nicht gleichbedeutend mit Uniformität. Es ist wichtig, die Vielfalt und Komplementarität der gegenseitigen kulturellen Reichtümer und moralischen Qualitäten anzuerkennen. Die Gleichbehandlung setzt daher eine gewisse Anerkennung der Unterschiede voraus, die die Minderheiten selbst fordern, um sich gemäß ihren eigenen Besonderheiten, in Achtung vor den anderen und im Interesse des Gemeinwohls der Gesellschaft und der Weltgemeinschaft entwickeln zu können. (23)

Die Kirche lehnt nicht nur einen radikalen Egalitarismus in Bezug auf die materiellen Bedingungen ab. Die Kirche verurteilt auch die Behauptung, dass alle Kulturen in jeder wichtigen Hinsicht gleich gut seien, sowie die relativistische These, dass es außerhalb der Kulturen keine objektiven Maßstäbe gebe, anhand derer sie beurteilt werden könnten. Papst Paul VI. verurteilte „das Aufkommen eines verderblichen moralischen Relativismus, der eindeutig das gesamte Lehramt der Kirche gefährdet".[177] Auch Papst Johannes Paul II. warnte vor „den Gefahren des Relativismus"[178] und Papst Benedikt XVI. vor einer „Diktatur des Relativismus".[179] Das Alte Testament verurteilt wiederholt die Kulturen der Völker im Umfeld des alten Israel wegen ihrer moralischen und religiösen Verderbtheit und warnt die Israeliten davor,

---

[177] Paul VI., *Ansprache an die Mitglieder der Kongregation des Heiligsten Erlösers* (September 1967), zitiert in Johannes Paul II., Enzyklika *Veritatis Splendor* (6. August 1993), Nr. 80n131.

[178] Johannes Paul II., Enzyklika *Veritatis Splendor* (6. August 1993), Nr. 112.

[179] Predigt Seiner Eminenz Kardinal Joseph Ratzinger (18. April 2005).

ihnen nachzueifern. Der heilige Paulus, im Brief an die Römer, verurteilt den Götzendienst und die sexuelle Unmoral der heidnischen Kulturen seiner Zeit. Generell verurteilt die Kirche die „falsche Meinung, die alle Religionen für mehr oder weniger gut und lobenswert hält“[180], und lehrt, dass „die Anhänger der anderen Religionen ... *sich objektiv gesehen* ... in einer sehr unzulänglichen Situation befinden, im Vergleich zu denen, die in der Kirche die Fülle der Heilsmittel haben“.[181] Wenn einige Kulturen objektiv gesehen in den Dingen, die für das Heil notwendig sind, mangelhafter sein können als andere, dann können sie sicherlich auch in den Dingen, die für wirtschaftlichen Wohlstand und andere weltliche Güter notwendig sind, mangelhafter sein als andere. Das bedeutet wiederum nicht, dass jede Ungleichheit gerechtfertigt ist. Aber es bedeutet, dass es nichts „Rassisches“ oder anderweitig Verwerfliches daran gibt, einige Ungleichheiten mit verhaltensbezogenen und kulturellen Faktoren zu erklären (wie z. B. Stabilität oder Instabilität der Familie, der Wert, der auf Bildung gelegt wird, usw.).

Angesichts ihrer Lehre zur Homosexualität und den objektiven und komplementären Unterschieden zwischen Männern und Frauen kann die Kirche auch kaum die Position der CRT akzeptieren, dass traditionelle Ansichten über Sexualmoral, Geschlechterrollen und Ähnliches auf „Sexismus“, „Homophobie“ und „Transphobie" hinausliefen und daher mit Rassismus vergleichbar seien.

Trotz einer oberflächlichen Überschneidung einiger Themen, die sowohl von der katholischen Soziallehre als auch von der Kritischen Rassentheorie hervorgehoben werden (wie z. B. das Übel des Rassismus und die Sorge um die Armen), spiegelt die grundlegende Vision der CRT von der menschlichen Natur und dem sozialen Leben einen radikalen Egalitarismus wider, der dem Naturrecht und der katholischen Moraltheologie zutiefst widerspricht.

Wenn die katholische Lehre mit der CRT-Diagnose der sozialen Ungerechtigkeit unvereinbar ist, dann ist sie auch unvereinbar mit den von

---

[180] Pius XI., Enzyklika *Mortalium Animos* (6. Januar 1928), Nr. 2.
[181] Kongregation für die Glaubenslehre, Erklärung *Dominus Iesus* (6. August 2000), Nr. 22.

der CRT vorgeschlagenen Abhilfemaßnahmen. CRT-Autoren wie Kendi befürworten die Rassendiskriminierung gegen Weiße und zugunsten von Nichtweißen. Aber die Kirche lehrt, dass „jede Theorie oder Form der Rassendiskriminierung moralisch unannehmbar ist".[182] Die Kirche lehrt auch, dass „sozioökonomische Probleme nur mit Hilfe aller Formen der Solidarität" gelöst werden können – d. h. der „Freundschaft", der „sozialen Nächstenliebe" und der „Brüderlichkeit".[183] Durch diese Solidarität können „Spannungen besser abgebaut und Konflikte leichter auf dem Verhandlungsweg beigelegt werden".[184] Im Gegensatz dazu lehnen CRT-Autoren die Mäßigung der traditionellen Bürgerrechtsbewegung ab, betonen die Sicherung der Macht statt der Veränderung von Meinungen durch rationale Überzeugung und bezeichnen alle, die es wagen, ihnen zu widersprechen, peremptorisch als Rassisten. Sie charakterisieren das gesellschaftliche Leben als einen Konflikt zwischen rassisch motivierten Interessen und nicht als eine Partnerschaft zwischen Freunden oder Brüdern. Sie verschärfen die sozialen Spannungen, indem sie darauf bestehen, dass alle Weißen als Mitschuldige an der Unterdrückung angesehen werden sollten und alle Vergehen als rassistische „Mikroaggressionen" und „implizite Voreingenommenheit" zu interpretieren seien.

Das Dokument *Die Kirche und der Rassismus* aus dem Jahr 1988 fordert zwar ein Ende des damaligen Apartheidsystems in Südafrika, warnt aber auch vor „rassistischen Reflexen der Unterdrückten, die ebenso unannehmbar wären wie die, deren Opfer sie heute sind" (9), und davor, „so weit zu gehen, eine ungerechte Situation gewaltsam durch eine andere Ungerechtigkeit zu ersetzen" (33). Und sie warnt eindringlich davor, die des Rassismus Beschuldigten zu dehumanisieren:

> In ihrer Verurteilung des Rassismus versucht die Kirche jedoch, eine evangelische Haltung gegenüber allen zu bewahren. Dies ist zweifellos ihre besondere Gabe. Sie scheut sich zwar nicht, die Übel des Rassismus klar zu benennen und sie zu missbilligen, auch gegenüber denjenigen, die dafür

---

[182] Kompendium, Nr. 433. Vgl. Katechismus, Nr. 1935.
[183] Katechismus, Nr. 1939 und 1941.
[184] Ebd., 1940.

> verantwortlich sind, aber sie versucht auch zu verstehen, wie diese Menschen zu diesem Punkt gelangen konnten. Sie möchte ihnen helfen, einen vernünftigen Weg aus der Sackgasse zu finden, in der sie sich befinden. So wie Gott sich nicht über den Tod eines Sünders freut, möchte die Kirche ihm eher helfen, wenn er sich bereit erklärt, das begangene Unrecht zu beseitigen. Es geht ihr auch darum, zu verhindern, dass die Opfer in einen ähnlichen Rassismus verfallen wie den, den sie ablehnen. Die Kirche will ein Ort der Versöhnung sein und nicht die Gegensätze verschärfen. Sie lädt alle ein, so zu handeln, dass der Hass verbannt wird. Sie predigt die Liebe. Sie bereitet geduldig eine Veränderung der Mentalität vor, ohne die strukturelle Veränderungen vergeblich wären. (27)

Nichts könnte dem paranoiden, verbitterten und rachsüchtigen Geist der Kritischen Rassentheorie ferner sein.

Wie viele ihrer Kritiker hervorgehoben haben, wäre es schwierig, die CRT-Literatur von der hässlichen Propaganda des Nationalsozialismus zu unterscheiden, wenn man Ausdrücke wie „Weißsein“ und „weiße Vorherrschaft“ durch Begriffe wie „jüdisch“ und „Judentum“ ersetzen würde. Ihre Behauptungen sind vergleichbar extrem, auch wenn sie (noch?) nicht zu einem vergleichbaren Ausmaß an Gewalttätigkeit geführt haben. Sie haben auch offensichtlich totalitäre Implikationen. Die CRT behauptet, dass der Rassismus jeden Aspekt des menschlichen Lebens durchdringe, sogar die unbewussten Motive und scheinbar unschuldigen Handlungen von Personen, die sich selbst nicht als rassistisch einschätzen. Sie behauptet, dass jeder Widerstand gegen diese CRT-Analyse selbst eine Manifestation dieses allgegenwärtigen Rassismus sei. Sie behauptet, dass dieser vermeintliche Rassismus nicht durch die Arbeit rationaler Überzeugung, sondern nur durch die Sicherung der Macht beseitigt werden könne, um politische Maßnahmen zu ergreifen, die umfassend genug seien, um jedes Überbleibsel rassischer Ungleichheit zu beseitigen. Sie behauptet, dass Werte wie Redefreiheit, individuelle Rechte, farbenblinde Politik und Ähnliches lediglich ein Deckmantel seien, um die Interessen der „weißen Vorherrschaft“ zu verbergen. Sie behauptet, dass es keine neutralen oder objektiven Kriterien gebe, anhand derer Kritiker der CRT das Gegenteil beweisen könnten. Sie stellt schlicht ihr eigenes Projekt zur

Sicherung der „antirassistischen Macht“ gegen die Kräfte, die die „rassistische Macht“ aufrechterhalten – wobei die letztere Kategorie jeden einschließt, der es wagt, von der CRT-Weltanschauung abzuweichen.

Es gibt keine Möglichkeit, diese Vision der Welt zu verwirklichen, ohne die Art von totaler Kontrolle über die Gesellschaft, wie sie sich die Nationalsozialisten über die deutsche Gesellschaft und die leninistischen, stalinistischen und maoistischen Kommunisten über die russische und chinesische Gesellschaft gesichert haben. Wie Papst Johannes Paul II. in der Enzyklika *Centesimus Annus* warnte:

> In den totalitären und autoritären Regimen wurde das Prinzip des Vorrangs der Macht vor der Vernunft auf die Spitze getrieben. Der Mensch wurde gewaltsam zur Annahme einer Weltanschauung gezwungen, zu der er nicht durch das Bemühen der eigenen Vernunft und die Ausübung seiner Freiheit gelangt war. Dieses Prinzip muss zum Sturz gebracht werden, und die Rechte des menschlichen Gewissens, das nur der Wahrheit, sowohl der natürlichen wie der geoffenbarten, verpflichtet ist, müssen wieder voll zur Geltung kommen. (29)
> Im Gegensatz zu dieser Auffassung vertritt in der modernen Zeit der Totalitarismus in seiner marxistisch-leninistischen Ausprägung die Meinung, dass einige Menschen auf Grund einer tieferen Kenntnis der Entwicklungsgesetze der Gesellschaft oder durch eine klassenmäßige Sonderstellung oder durch einen Kontakt mit den eigentlichen Quellen des kollektiven Bewusstseins vom Irrtum frei seien und daher Anspruch auf die Ausübung einer absoluten Macht erheben könnten. Hinzu kommt, dass der Totalitarismus aus der Verneinung der Wahrheit im objektiven Sinn entsteht. (44)

Die CRT beruht genau auf einer solchen „Leugnung der Wahrheit im objektiven Sinne“, und wie die marxistisch-leninistischen Totalitaristen schreiben sich ihre Befürworter ein „tieferes Wissen“ über die soziale Realität zu, das sie dazu berechtige, die „absolute Macht“ zu ergreifen, mit der sie ihre Vision der Welt mit Gewalt statt mit Vernunft und einem Appell an das Gewissen durchsetzen können.

Wie der Marxismus und der Nazismus kann auch die Kritische Rassentheorie die Religion nicht von ihren totalitären Plänen ausnehmen. Kendi stellt die „Befreiungstheologie" dem gegenüber, was er als „Erlösertheologie" bezeichnet, und besteht darauf, dass nur die erstere vom Standpunkt der CRT aus akzeptabel sei. Er erklärt:

> Jesus war ein Revolutionär, und die Aufgabe des Christen ist es, die Gesellschaft zu revolutionieren ... die Gesellschaft von den Mächten auf der Erde zu befreien, die die Menschheit unterdrücken ... Das ist die Befreiungstheologie, in aller Kürze. Die Erlösungstheologie ist eine andere Art von Theologie. Die Aufgabe des Christen ist es, hinauszugehen und diese verhaltensgestörten Menschen zu retten. Mit anderen Worten, wir sollen sie in die Kirche bringen, diese Menschen, die all diese bösen, sündigen Dinge tun, und sie heilen. Und sie retten. Und wenn wir sie dann gerettet haben, haben wir unsere Arbeit getan. ... Antirassisten lehnen die Rettertheorie grundsätzlich ab, [die] ganz im Einklang mit rassistischen Ideen und der rassistischen Theologie steht.[185]

Was Kendi als „Erlösertheologie" bezeichnet und als Förderin des Rassismus anprangert, ist natürlich nichts anderes als die herkömmliche christliche Theologie. Und die politisierte Neuformulierung des Christentums, die er „Befreiungstheologie" nennt, wurde von der Kirche verurteilt. Der heilige Papst Johannes Paul II. lehrte:

> Diese Vorstellung von Christus als politischer Figur, als Revolutionär, als subversivem Mann aus Nazareth, entspricht nicht der Katechese der Kirche. ... Die Evangelien zeigen deutlich, dass für Jesus alles, was seine Mission als Diener Jahwes verändern würde, eine Versuchung war. Er akzeptiert nicht die Position derer, die die Dinge Gottes mit rein politischen Einstellungen vermischen. ... Die Perspektive seiner Mission

---

[185] "How to Be Anti-Racist: Ibram X. Kendi im Gespräch mit Molly Crabapple", gehalten in der Judson Memorial Church in New York City, 15. August 2019. Ein Video der Veranstaltung ist auf YouTube verfügbar,
https://www.youtube.com/watch?v=BhbbmjqcRvY. Abgerufen am 2. Oktober 2021.

> ist viel tiefer. Sie besteht in der vollständigen Erlösung durch eine verwandelnde, friedenstiftende, verzeihende und versöhnende Liebe.[186]

Kardinal Joseph Ratzinger, der Präfekt der Kongregation für die Glaubenslehre (CDF), der unter Johannes Paul II. tätig war und später Papst Benedikt XVI. werden sollte, warnte, dass „das Phänomen der Befreiungstheologie ... eine fundamentale Bedrohung für den Glauben der Kirche darstellt".[187] 1984 veröffentlichte Ratzingers Glaubenskongregation auf Anweisung von Papst Johannes Paul II. eine Instruktion, in der er die charakteristischen Themen einiger sogenannter „Theologien der Befreiung" kritisierte, ihre „radikale Politisierung der Glaubensaussagen" beklagte und feststellte, dass „einige versucht sind, einseitig die Befreiung von irdischer und zeitlicher Knechtschaft zu betonen. Sie tun dies in einer Weise, dass sie die Befreiung von der Sünde an die zweite Stelle zu setzen scheinen und es so versäumen, ihr die ihr gebührende primäre Bedeutung zu geben".[188] Besonders gefährlich, so stellt das Dokument fest, ist die Art und Weise, in der Befreiungstheologen bestimmte Ideen aus dem Marxismus übernehmen, und es nennt als Beispiele die Aufteilung der Gesellschaft in von Natur aus feindliche Klassen und die dogmatische Tendenz, jede Kritik als Deckmantel für die Kräfte der Unterdrückung abzutun:

> Aufgrund dieses Klassenvorverständnisses wird es äußerst schwierig, um nicht zu sagen unmöglich, von manchen „Befreiungstheologen" einen echten Dialog zu erreichen, in dem der Gesprächspartner gehört und seine Argumente objektiv und aufmerksam diskutiert werden. Denn diese Theologen gehen mehr oder weniger bewusst von der Voraussetzung aus, dass der Standpunkt der unterdrückten und revolutionären Klasse, der der ihre sei, den einzigen Standpunkt der Wahrheit ausmache. Die theologischen Wahrheitskriterien werden

[186] Ansprache Seiner Heiligkeit Johannes Paul II. (28. Januar 1979).

[187] Joseph Kardinal Ratzinger with Vittorio Messori, *The Ratzinger Report: An Exclusive Interview on the State of the Church by Joseph Cardinal Ratzinger* (San Francisco: Ignatius Press, 1985), 175.

[188] Kongregation für die Glaubenslehre, Instruktion über einige Aspekte der „Theologie der Befreiung" (6. August 1984).

> dadurch relativiert und den Forderungen des Klassenkampfes untergeordnet. (X. 3)

Eine perfektere Beschreibung der Denkweise von Kendi und anderen Vertretern der Kritischen Rassentheorie kann man sich kaum vorstellen.

Kardinal Ratzinger warnt auch vor der Naivität, anzunehmen, man könne die marxistische Grundkonzeption der Gesellschaft als Kampf zwischen inhärent verfeindeten Gruppen akzeptieren und gleichzeitig den Rest des marxistischen Systems ablehnen, denn sie sind so begrifflich miteinander verknüpft, dass, „wenn man versucht, nur einen Teil zu nehmen ..., man am Ende die gesamte Ideologie akzeptieren muss". Insbesondere der Begriff des „Klassenkampfes" beinhaltet keineswegs nur soziale Unruhen, wie sie in jeder Gesellschaft vorkommen, sondern „bleibt mit der Interpretation, die Marx ihm gegeben hat, behaftet" und beinhaltet „Vereinfachungen ..., [die] eine wirklich gründliche Untersuchung der Ursachen der Armut verhindern". Kardinal Ratzinger zitiert eine ähnliche Warnung von Papst Paul VI.:

> Der tatsächlich gelebte Marxismus weist viele unterschiedliche Aspekte auf. ... Es wäre jedoch „illusorisch und gefährlich, das innige Band zu ignorieren, das sie radikal verbindet, und Elemente der marxistischen Analyse zu akzeptieren, ohne ihre Bedeutung anzuerkennen, oder sich in die Praxis des Klassenkampfes und seiner marxistischen Interpretation zu begeben und dabei zu übersehen, zu welcher Art von totalitärer Gesellschaft dieser Prozess langsam führt".[189]

Wie eine solche Gesellschaft aussieht, wissen diejenigen, die mit der Geschichte der Sowjetunion, des maoistischen Chinas und anderer kommunistischer Regime des zwanzigsten Jahrhunderts vertraut sind, ganz genau. Kardinal Ratzinger beklagt:

[189] Ebd., Nr. 7. Zitat aus Paul VI., Apostolisches Schreiben *Octogesima Adveniens* (14. Mai 1971), Nr. 34.

> Millionen unserer Zeitgenossen sehnen sich legitimerweise danach, die grundlegenden Freiheiten wiederzuerlangen, deren sie durch totalitäre und atheistische Regierungsformen beraubt wurden, die auf revolutionärem und gewalttätigem Weg die Macht an sich gerissen haben, und dies im Namen der Befreiung des Volkes. Man kann diese Schande unserer Zeit nicht übersehen: Ganze Nationen werden unter menschenunwürdigen Bedingungen in Knechtschaft gehalten, während gleichzeitig behauptet wird, man bringe ihnen die Freiheit. Diejenigen, die, vielleicht unbewusst, sich zum Verbündeten solcher Unterdrückung machen, verraten die Armen, denen sie zu dienen behaupten.
> Der Klassenkampf als Weg zu einer klassenlosen Gesellschaft ist ein Mythos, der die Reformen verhindert sowie das Elend und die Ungerechtigkeiten verschlimmert. Diejenigen, die sich von diesem Mythos faszinieren lassen, sollten die bitteren geschichtlichen Erfahrungen bedenken, zu denen dieser geführt hat.[190]

Solche Warnungen verlieren nichts von ihrer Kraft, wenn der Begriff „Rasse" durch den Begriff „Klasse" ersetzt wird. Tatsächlich führt diese Ersetzung zu etwas, das an die andere wichtige massenmordende totalitäre Ideologie des zwanzigsten Jahrhunderts, den Nationalsozialismus, erinnert. Die moralische Überheblichkeit der CRT-Autoren sollte uns nicht darüber hinwegtäuschen. Wie uns die Historikerin Claudia Koonz in ihrem Buch *The Nazi Conscience* in Erinnerung ruft, betrachtete Hitlers nationalsozialistische Bewegung ihr Projekt nicht als etwas Böses, und das taten auch viele derjenigen nicht, die die Bewegung in den Jahren vor ihrer Machtübernahme beobachteten oder unterstützten.[191] Im Gegenteil, der Nationalsozialismus vertrat eine moralische Vision, und dieser Anspruch war aufrichtig, wenn auch wahnhaft.

---

[190] Kongregation für die Glaubenslehre, *Instruktion*, Nr. 10 und 11.
[191] Claudia Koonz, *The Nazi Conscience* (Cambridge, Mass.: Harvard University Press, 2003).

Wie Koonz feststellt, hatte diese Vision vier Hauptkomponenten. Erstens verstand sie ethnische Gruppen eher kollektivistisch als individualistisch, indem sie sie als Organismen vergleichbar betrachtete, von denen das einzelne Mitglied ein Teil ist und die entweder gesund oder krank sein können. Zweitens war sie relativistisch und betrachtete das, was gut oder schlecht ist, als relativ zu einer ethnischen Gruppe, wobei vom Einzelnen erwartet wurde, dass er sich so verhielt, dass es die Solidarität mit seiner eigenen Gruppe widerspiegelte, und nicht nach einem Standard außerhalb der Gruppe. Drittens befürwortete sie eine aggressive, oppositionelle Haltung einer Gruppe gegenüber anderen Gruppen, insbesondere solchen, die als Bedrohung für die eigene Gruppe angesehen wurden. Viertens behauptete sie, dass die Rechtsordnung einer Gesellschaft die Bedrohung berücksichtigen müsse, die eine ethnische Gruppe für eine andere darstelle. Die Bürger, die der rassischen Gruppe angehörten, müssten als Gefahr für die andere angesehen werde und sie sollten anders behandelt werden – analog zu einem „Parasiten“, der die Gesundheit seines Wirts gefährde. Diese Sichtweise wurde oft in einer sachlichen, nüchternen akademischen Art und Weise präsentiert und hatte kommunitaristische moralische Implikationen, die von einem guten Menschen verlangten, sich im Interesse seiner Gruppe (ethnische Deutsche) zu verhalten und gegen die Gruppen zu kämpfen, die angeblich eine Bedrohung für sie darstellten (z. B. Juden).

Obwohl es natürlich wichtige Unterschiede zwischen dem Nationalsozialismus und der Kritischen Rassentheorie gibt, ist es beunruhigend, wie sehr diese Charakterisierung des „nationalsozialistischen Gewissens“ mit der CRT-Weltanschauung übereinstimmt. Auch hier ist die Ähnlichkeit unheimlich, wenn man „Weiße“ anstelle von „Juden“ und „Farbige“ anstelle von „Deutschen“ einsetzt. Die relativistischen Behauptungen der CRT-Autorin Robin DiAngelo, dass „entgegen der Ideologie des Individualismus ... wir unsere Gruppen und diejenigen, die vor uns gekommen sind, repräsentieren“ und dass „wir nicht mit klaren oder objektiven Augen sehen – wir sehen durch rassische Linsen“, könnten direkt aus einem Werk der nationalsozialistischen Rassentheorie stammen.[192]

[192] Wie der katholische Sozialtheoretiker Heinrich Rommen in Bezug auf rassistische Theorien über die menschliche Natur wie die der Nazis feststellte, behaupten

Ihre Behauptung, dass „Schwarzenfeindlichkeit“ der „weißen Identität“ inhärent sei, entspricht der Auffassung der Nazis, dass Juden eine inhärente Bedrohung für die Gesundheit der deutschen Nation seien. Ibram Kendis Ablehnung einer farbenblinden Politik und seine Befürwortung von Diskriminierung spiegeln die nationalsozialistische Position wider, dass der Staat seine ethnisch deutschen und jüdischen Bürger unterschiedlich behandeln müsse. Sein Vergleich der angeblich allgegenwärtigen weißen Vorherrschaft mit „metastasierendem Krebs im 4. Stadium“ erinnert an die Behauptung der Nazis, bestimmte Rassen seien „Parasiten“, die die Gesundheit des deutschen Volkes bedrohten.

Die Kirche musste sich in ihrer Geschichte schon oft gegen solche bösartigen Wahnvorstellungen wehren. Der Politikwissenschaftler Eric Voegelin argumentierte, dass die totalitären Ideologien des 20. Jahrhunderts, der Marxismus und der Nationalsozialismus, moderne Erben der gnostischen Häresie seien, die die frühe Kirche heimsuchte und in den folgenden Jahrhunderten in vielen verschiedenen Formen wieder auftauchte.[193] Die Kritische Rassentheorie weist dieselben allgemeinen Merkmale auf.[194] Die gnostische Tendenz besteht erstens darin, das Böse als allgegenwärtig und nahezu allmächtig zu sehen, als tief verstrickt in die bestehende Ordnung der Dinge. Für die frühen Gnostiker wurde diese böse Ordnung mit der Herrschaft des Gottes des Alten Testaments identifiziert; für die Marxisten ist es der Kapitalismus und für die Nazis das Weltjudentum. Für die CRT ist es die „weiße Vorherrschaft“. Zweitens vertraten die Gnostiker die Ansicht, dass nur Auserwählte, die von einem gnostischen Weisen eine besondere

---

solche Theorien, dass es nicht „die Verdienste objektiver Gründe“ seien, die bestimmen, was der Einzelne denkt und tut, sondern vielmehr „die innere unbewusste Stimme des Blutes, der Rasse usw.“; „der Einzelne ... kann nicht durch die Kraft der Vernunft über diesen Elementen stehen, sondern ist in die unaufhaltsame Strömung eingetaucht“. *The State in Catholic Thought* (St. Louis: B. Herder, 1950), 75. Dies ist schwer zu unterscheiden von der angeblich „antirassistischen“ Position von DiAngelo, Kendi und anderen Kritischen Rassentheoretikern.

[193] Eric Voegelin, *Die neue Wissenschaft der Politik. Eine Einführung* (München: Fink Verlag, 2004).

[194] Vgl. Edward Feser, “The Gnostic Heresy’s Political Successors”, *Catholic World Report*, January 31, 2021. Available at https://www.catholicworldreport.com/2021/01/31/the-gnostic-heresys-political-successors/.

gnosis oder ein spezielles „Wissen“ erhalten haben, durch die Erscheinungen der Dinge hindurch die zugrunde liegende böse Realität sehen könnten. Bei den frühen Gnostikern waren es Lehrer wie Marcion, Mani und andere einflussreiche Ketzer, die diese *gnosis* weitergaben; bei den Marxisten sind es Marx, Engels und andere Theoretiker, die sie vermitteln; bei den Nazis war es Hitler. Die Kritische Rassentheorie selbst fungiert als eine neue Gnosis, die ihren Anhängern angeblich die unsichtbare Rassenunterdrückung offenbart, unter der sie leben, wobei Bestseller-Gurus wie Kendi und DiAngelo als moderne Marcions und Manis fungieren.

Drittens tendierten die Gnostiker zu einer manichäischen Aufteilung der Welt in die Mächte des Bösen auf der einen Seite und die „Reinen“ auf der anderen Seite, die mit der Gnosis bewaffnet sind, um den bösen Mächten in einem großen zwielichtigen Kampf zu widerstehen. (In der Tat war die ursprüngliche manichäische Häresie genau eine Variante des Gnostizismus.) Für den Marxismus ist dieser manichäische Krieg ein Kampf zwischen dem kapitalistischen Unterdrücker auf der einen Seite und dem Proletariat und seiner intellektuellen Avantgarde auf der anderen Seite; für den Nationalsozialismus ist es ein Krieg zwischen dem Weltjudentum und seinen Verbündeten gegen die deutsche Nation, die von den Nazipartei geführt wird; und für die Kritische Rassentheorie ist es ein Konflikt zwischen „weißer Vorherrschaft“ und „Antirassismus“. Viertens postulierten die Gnostiker einen endgültigen Sieg über diese böse Macht, der die Befreiung von der materiellen Welt bedeutete, die die Gnostiker als böse ansahen. Hier unterscheiden sich die modernen Erben des Gnostizismus, die materialistisch sind und keine Hoffnung auf ein Leben jenseits dieses Lebens sehen, am radikalsten von ihren antiken Vorgängern. (Wie Voegelin es auf berühmte Weise formulierte, „immanentisieren sie das Eschaton“ – das heißt, sie verlegen den Endsieg der Gerechten in diese Welt und freuen sich auf einen Himmel auf Erden.) Für Marxisten wird dieser Endsieg mit der Verwirklichung des Kommunismus eintreten; für Nazis mit dem Tausendjährigen Reich; und für die Kritische Rassentheorie mit der Zerstörung der „weißen Vorherrschaft“ (zusammen mit „Sexismus“, „Homophobie“, „Transphobie“ usw.).

Obwohl sie vorgeben, edle Ideale zu verfolgen, haben diese Variationen des Gnostizismus nichts als Spaltung, Extremismus und Schlimmeres hervorgebracht. Wie Kardinal Ratzinger schrieb: „Es ist ...

schmerzlich, mit der im Grunde unchristlichen Illusion konfrontiert zu werden, dass ein neuer Mensch und eine neue Welt geschaffen werden können, und zwar nicht dadurch, dass man jeden Einzelnen zur Umkehr aufruft, sondern nur dadurch, dass man die sozialen und wirtschaftlichen Strukturen verändert".[195] Das Christentum kann diese Ideologien nicht aufbereiten, denn damit, „durch die Revolution zu sakralisieren – Gott, Christus und Ideologien zu vermischen – gelingt es ihnen nur, einen träumerischen Fanatismus zu erzeugen, der zu noch schlimmeren Ungerechtigkeiten und Unterdrückung führen kann."[196]

Katholiken müssen sich der Kritischen Rassentheorie entschlossen entgegenstellen, so wie sie sich diesen Irrtümern der Vergangenheit entgegengestellt haben, ungeachtet dessen, dass sie gegen Rassismus sind – gerade *weil* sie gegen ihn sind. Die Verurteilung des Rassismus durch die Kirche gründet sowohl in unserer gemeinsamen Natur als vernunftbegabte Wesen, die zur Erkenntnis und zur Nächstenliebe fähig sind, als auch in der Erlösung von der Sünde, die für alle durch die Gnade möglich ist. Und das bedeutet nicht die „Cancel culture" der CRT und die Hermeneutik des Verdachts, sondern einen rationalen Diskurs und gegenseitiges Verständnis. Nicht die Dämonisierung irgendeiner Rasse als von Natur aus unterdrückerisch, sondern Solidarität und gegenseitigen Respekt. Nicht das endlose Aufspüren von immer mehr esoterischen Gründen für bitteren Groll und Ablehnung, sondern die Vergebung und Barmherzigkeit, die, wie Papst Franziskus betont hat, „das wahre Gesicht der Liebe" ist.[197]

---

[195] Joseph Kardinal Ratzinger with Vittorio Messori, *The Ratzinger Report*, 190.
[196] Ebd.
[197] Franziskus, Angelus (14. Juli 2019).

BIBLIOGRAPHIE

Aquin, Thomas von. *Über die Herrschaft der Fürsten.* Reclam.

———. *Summa Theologiae.* Die deutsche Thomas-Ausgabe. Graz – Wien – Köln 1934ff.

Benedikt XIV. Enzyklika *Immensa Pastorum* (20. December 1741). Reviewed in Panzer, *The Popes and Slavery*, and Eppstein, *The Catholic Tradition of the Law of Nations*, see below.

Benedikt XV. Enzyklika *Ad Beatissimi Apostolorum* (November 1, 1914). www.vatican.va.

Blankenhorn, David. *Fatherless America: Confronting Our Most Urgent Social Problem.* New York: Harper Perennial, 1996.

Bradley, Gerard V. and E. Christian Brugger, eds. *Catholic Social Teaching: A Volume of Scholarly Essays.* Cambridge: Cambridge University Press, 2019.

Chesterton, G. K. *The Defendant.* London: R. Brimley Johnson, 1901.

Church, Jonathan D. *Reinventing Racism: Why "White Fragility" Is the Wrong Way to Think about Racial Inequality.* Lanham, Md.: Rowman and Littlefield, 2021.

Crenshaw, Kimberlé, Neil Gotanda, Gary Peller, and Kendall Thomas, eds. *Critical Race Theory: The Key Writings that Formed the Movement.* New York: The New Press, 1995.

de Las Casas, Bartolomé. *A Short Account of the Destruction of the Indies.* New York: Penguin Books, 1992.

de Vitoria, Francisco. "On the American Indians". In *Political Writings*, edited by Anthony Pagden and Jeremy Lawrence, 231–292. Cambridge: Cambridge University Press, 1991.

Delgado, Richard and Jean Stefancic. *Critical Race Theory: An Introduction.* Third edition. New York: New York University Press, 2017.

DiAngelo, Robin. *White Fragility: Why It's So Hard for White People to Talk about Racism.* Boston: Beacon Press, 2018.

Engel, S. Morris. *With Good Reason: An Introduction to Informal Fallacies.* 3rd ed. New York: St. Martin's Press, 1986.

Eppstein, John. *The Catholic Tradition of the Law of Nations*. London: Burns, Oates, and Washbourne, 1935.
Eugene IV. Päpstliche Bulle *Sicut Dudum* (January 13, 1435). www.papalencyclicals.net.
Feser, Edward. *Scholastic Metaphysics: A Contemporary Introduction.* Heusenstamm, Germany: Editiones Scholasticae, 2014.
Gregor XIV. Päpstliche Bulle *Cum Sicuti* (18. April,1591). In Panzer, The *Popes and Slavery*, and Eppstein, *The Catholic Tradition of the Law of Nations*.
Gregor XVI. Päpstliche Bulle *In Supremo* (3. Dezember 1839). www.papalencyclicals.net.
Harrison, Lawrence E. *Who Prospers? How Cultural Values Shape Economic and Political Success*. New York: Basic Books, 1992.
Harrison, Lawrence E., and Samuel P. Huntington, editors. *Culture Matters: How Values Shape Human Progress*. New York: Basic Books, 2000.
Johannes Paul II. Enzyklika *Centesimus Annus* (1. May 1991). www.vatican.va.
———. Enzyklika *Veritatis Splendor* (6. August 1993). www.vatican.va.
———. *Memory and Identity*. New York: Rizzoli, 2005.
Johannes XXIII. Enzyklika *Pacem in Terris* (11. April 1963). www.vatican.va.
Kaufmann, Eric. *The Social Construction of Racism in the United States*. New York: The Manhattan Institute, 2021.
Kendi, Ibram X. *How to Be an Antiracist*. New York: One World, 2019.
Koonz, Claudia. *The Nazi Conscience*. Cambridge, Mass.: Harvard University Press, 2003.
Landes, David. *The Wealth and Poverty of Nations*. New York: Norton, 1998.
Leo XIII. Enzyklika *Catholicae Ecclesiae* (20. November 1890). www.vatican.va.
———. Enzyklika *In Plurimis* (5. Mai 1888). www.vatican.va.
———. Enzyklika *Quod Apostolici Muneris* (28. Dezember 1878). www.vatican.va.
Lukianoff, Greg and Jonathan Haidt. *The Coddling of the American Mind: How Good Intentions and Bad Ideas are Setting Up a Generation for Failure*. New York: Penguin, 2018.
Nicholas V. Päpstliche Bulle *Dum Diversas* (18. Juni 1452). In Raiswell, Richard. "Nicholas V, Papal Bulls of" in *The Historical Encyclopedia of World Slavery*, edited by Junius P. Rodriguez, Volume II, p. 469. Santa Barbara, Calif.: ABC–CLIO, 1997.
Osterweil, Vicky. *In Defense of Looting*. New York: Bold Type Books, 2020.
Panzer, Joel S. *The Popes and Slavery*. New York: Alba House, 1996.
Paul III. Päpstliche Bulle *Sublimis Deus* (29. Mai 1537). In Francis Augustus MacNutt, *Batholomew de Las Casas: His life, His Apostolate, and His*

Writings. Cleveland: A.H. Clark, 1909. Internet Archive, https:// archive.org/details/bartholomewdelas23466gut.
Paul VI. Apostolisches Schreiben *Octogesima Adveniens* (14. Mai 1971). www.vatican.va.
———. Apostolisches Schreiben *Populorum Progressio* (26. März 1967). www.vatican.va.
Pius X. Motu proprio *Fin Dalla Prima* (18. Dezember 1903). www.vatican.va.
Pius XI. Enzyklika *Divini Redemptoris* (19. März 1937). www.vatican.va.
———. Enzyklika *Mit Brennender Sorge* (14. März 1937). www.vatican.va.
———. Enzyklika *Mortalium Animos* (6. Januar 6 1928). www.vatican.va.
Pluckrose, Helen and James Lindsay. *Cynical Theories: How Activist Scholarship Made Everything about Race, Gender, and Identity—and Why This Harms Everybody*. Durham, N.C.: Pitchstone Publishing, 2020.
Päpstliche Kommission Justitia et Pax. Die Kirche und der Rassismus. Für eine brüderliche Gesellschaft https://www.dbk-shop.de/de/publikationen/arbeitshilfen/die-kirche-rassismus.html, 1988.
Päpstlicher Rat für Gerechtigkeit und Frieden. *Kompendium der kirchlichen Soziallehre* (29. June 2004). www.vatican.va.
Popenoe, David. *Life Without Father: Compelling New Evidence That Fatherhood and Marriage Are Indispensable for the Good of Children and Society*. New York: Free Press, 1996.
Popper, Karl R. *Conjectures and Refutations: The Growth of Scientific Knowledge*. New York: Harper and Row, 1968.
Ratzinger, Joseph Cardinal with Vittorio Messori. *The Ratzinger Report: An Exclusive Interview on the State of the Church*. San Francisco: Ignatius Press, 1985.
Rommen, Heinrich. *The State in Catholic Thought: A Treatise on Political Philosophy*. Providence, R.I.: Cluny Media, 2016.
Scruton, Roger. *The Need for Nations*. London: Civitas, 2004.
Zweites Vatikanisches Konzil. Pastoralkonstitution *Die Kirche in der Welt von heute. Gaudium et Spes* (7. Dezember 1965). www.vatican.va.
———. *Erklärung über die Haltung der Kirche zu den nichtchristlichen Religionen Nostra Aetate* (28. Oktober 1965). www.vatican.va.
Sowell, Thomas. *Discrimination and Disparities*. Revised and enlarged edition. New York: Basic Books, 2019.
———. *Intellectuals and Race*. New York: Basic Books, 2013.
Tierney, Brian. *The Idea of Natural Rights*. Grand Rapids, Mich.: William B. Eerdmans Publishing Company, 2001.

Urban VIII. Päpstliche Bulle *Commissum Nobis* (22. April 1639). in Panzer, *The Popes and Slavery*, and Eppstein, *The Catholic Tradition of the Law of Nations*,
Voegelin, Eric. *Die Neue Wissenschaft der Politik: Eine Einführung*, Brill | Fink; 2004.
Walton, Douglas. *Informal Logic: A Pragmatic Approach*. Second edition. Cambridge: Cambridge University Press, 2008.
Wilson, James Q. *The Marriage Problem: How Our Culture Has Weakened Families*. New York: Harper-Collins, 2002.

INDEX

M

N

O

P

R

S

T

U

V

W

Z